大学 青春 人生

——北理工人的成长印迹（2017—2021）

主 编 徐 建

北京理工大学出版社
BEIJING INSTITUTE OF TECHNOLOGY PRESS

版权专有　侵权必究

图书在版编目（CIP）数据

大学　青春　人生：北理工人的成长印迹：2017—2021 / 徐建主编. -- 北京：北京理工大学出版社，2022.6

ISBN 978-7-5763-1432-8

Ⅰ.①大… Ⅱ.①徐… Ⅲ.①高等学校－德育－中国－文集 Ⅳ.①G641-53

中国版本图书馆 CIP 数据核字（2022）第 110494 号

出版发行 / 北京理工大学出版社有限责任公司
社　　址 / 北京市海淀区中关村南大街 5 号
邮　　编 / 100081
电　　话 / （010）68914775（总编室）
　　　　　（010）82562903（教材售后服务热线）
　　　　　（010）68944723（其他图书服务热线）
网　　址 / http：//www.bitpress.com.cn
经　　销 / 全国各地新华书店
印　　刷 / 保定市中画美凯印刷有限公司
开　　本 / 710 毫米 × 1000 毫米　1/16
印　　张 / 13.75　　　　　　　　　　　　　　责任编辑 / 申玉琴
字　　数 / 226 千字　　　　　　　　　　　　　文案编辑 / 申玉琴
版　　次 / 2022 年 6 月第 1 版　2022 年 6 月第 1 次印刷　责任校对 / 刘亚男
定　　价 / 68.00 元　　　　　　　　　　　　　责任印制 / 李志强

图书出现印装质量问题，请拨打售后服务热线，本社负责调换

编委会

主　　任：庞思平
主　　编：徐　建
副 主 编：苟曼莉　陆宝萍　李旭珊
执行主编：王晓静　贾秋阳　杨　菲　夏国萍
编　　委：张　忱　韩姗杉　孙　硕　盛　筠
　　　　　邓　岩　邓　方　奚英伦　王浩宇
　　　　　张　锋　郭惠芝　张　杨　王晶晶
　　　　　彭明雪　刘伟光　马晓龙　欧阳哲
　　　　　张梦雯　史建伟

前言

  回首大学时光，思考青春岁月，书写人生愿景。每年开学第一天，迈入北京理工大学的新生都会收到一份特殊的礼物——《大学　青春　人生——北理工人的成长印迹》。从 2007 年起开始出版，这套书影响了几万名北理工学子。2020 年"大学　青春　人生"优秀学生事迹报告会成员、信息与电子学院毕业生王冠兴说道："大一报到时我收到了一本书，书的名字叫《大学　青春　人生》，书里记录的全是优秀的学长学姐们关于自己大学生活的心路历程。当时我被深深地触动了，我发现原来大学生活可以过得如此丰富多彩，我发现原来一个人为了心中的理想可以一往无前。现在这本书还放在我的书桌上，有时候我会拿来翻一翻，从那些优秀的学长学姐们身上寻找继续前进的动力。"

  本书精选了 2021 届毕业生离校前写的部分德育答辩论文。每一篇文字都是大家成长过程中的真诚流露，或总结得失，或分享经历，或抒发情感，字里行间跃动的是一个个鲜活的生命。一届届优秀学子铭刻下了他们在北理工的成长印迹，也通过文字将他们的思想和情感一年年传递下去，形成北理工特有的学生德育载体。

  北京理工大学作为中国共产党创办的第一所理工

科大学，始终紧密围绕立德树人根本任务和人才培养中心工作，以培养"胸怀壮志、明德精工、创新包容、时代担当"的领军领导人才为己任，将思想政治教育贯穿教育教学全过程。德育答辩工作是学校德育体系的重要一环和特色工作，从2003年开始，每名本科毕业生在毕业前，都要回望自己四年的大学生活写下思想成长轨迹，确立新的人生目标，与老师同学真诚交流，积蓄能量，踏上新的征程。2006年，学校制定了《北京理工大学关于在本科毕业生中开展德育答辩工作的实施意见》《北京理工大学本科生德育答辩工作实施办法》等指导性文件；2008年，学校在大一年级本科生中全面开展德育答辩论文开题工作；2009年，学校在大三年级本科生中全面开展德育中期检查工作；2013年起，学校全面实施"一年级工程"新生入学教育系列活动。

以德育答辩制度的三个关键环节为切入点，学校有针对性地开展深度辅导，帮助学生规划大学生活、树立理想信念、思考人生价值，引导学生通过总结反思进一步明确发展目标、厚植爱国主义情怀、培养爱国奋斗精神，不断加强品德修养、增长知识见识、增强综合素质，将个人发展与国家发展联系起来。在不断凝练时代内涵的同时，德育答辩逐步发展成为学生规划、实施、修正和总结个人发展，系统全面成才的重要思政教育载体。

《大学　青春　人生》——这本承载着一代代北理工人的独家记忆的德育答辩优秀论文集，将成为北理工人的精神标识，将被坚持不懈地传承下去。

目录

第一章 领航志 /1

走出迷茫 逆风飞翔 /3
宇航学院 朱建玮

缘梦北理 /6
光电学院 时昊

立凌云志,做科创人 /9
信息与电子学院 王璇铮

我的大学故事
——为梦拼搏的你最闪亮 /12
材料学院 杨昕钰

在志愿中体悟,在奉献中成长 /15
化学与化工学院 李瀚楼

以青春之我,奉献青春之校园 /18
徐特立学院 袁祥博

第二章 大学道 /21

人人生而平凡,人人生而特别 /23
宇航学院 刘安琪

写在毕业季 /27
宇航学院 张心怡

不忘初心助成长，砥砺前行再启航 /31

        光电学院 刘禹彤

人间有味是清欢 /37

       信息与电子学院 王婧昕

我的大学四年 /41

       信息与电子学院 郝毅刚

刻刀划下的四年记忆

  ——刻骨铭心的青春岁月 /45

        自动化学院 温岳

路在脚下 /50

        计算机学院 王昊

风物长宜放眼量 /53

        计算机学院 杨福浩

不枉青春年少炙热的火 /57

        材料学院 金枭雨

一切都是最好的安排 /62

      管理与经济学院 吴亭宣

重拾自我，认清前路 /66

     人文与社会科学学院 朴婧怡

路在脚下，路在未来 /71

      设计与艺术学院 高文雅

流年不负，未来可期 /75

       徐特立学院 祁宇轩

第三章 青春行 /79

奋斗铸就四年青春 /81

        宇航学院 胡振坤

以梦为马 不负韶华 /85

        机电学院 郭晓雯

大学·青春·人生 /89

      机械与车辆学院 沙宇

我的大学时光 /94

        光电学院 任妍

秉持初心，不负韶华 /98
　　　　　　　　　　　　　　信息与电子学院　闫凯嘉

天道酬勤，厚积薄发 /102
　　　　　　　　　　　　　　自动化学院　杨思程

翠色的青春 /107
　　　　　　　　　　　　　　自动化学院　马文轩

指间流逝的青春 /112
　　　　　　　　　　　　　　化学与化工学院　李中泽

不畏前路，坚定成长 /120
　　　　　　　　　　　　　　生命学院　唐佳鑫

献给我的大学 /125
　　　　　　　　　　　　　　管理与经济学院　刘涛铭

做有法律特色的北理工人 /129
　　　　　　　　　　　　　　法学院　陈钏

探索世界，认识自己 /134
　　　　　　　　　　　　　　外国语学院　游一林

踔厉奋发　笃行致远 /139
　　　　　　　　　　　　　　徐特立学院　雷诺

第四章　人生梦 /143

奄忽若飙尘 /145
　　　　　　　　　　　　　　宇航学院　秦纯

青春不息，追梦不止 /149
　　　　　　　　　　　　　　机械与车辆学院　张彭城

在树上 /154
　　　　　　　　　　　　　　机械与车辆学院　王浩闻

忆四年，思己过，立新篇 /158
　　　　　　　　　　　　　　自动化学院　吕泓池

沿螺旋楼梯行至塔顶 /162
　　　　　　　　　　　　　　自动化学院　潘政霖

致青春，我的大学 /167
　　　　　　　　　　　　　　自动化学院　肖名鸣

滋　味 /172

　　　　　　　　　　　计算机学院　龙锴

我的青春岁月 /175

　　　　　　　　　　　数学与统计学院　薛欣怡

天高地迥，追光逐梦 /179

　　　　　　　　　　　物理学院　李靖

以终为始，以始为终 /183

　　　　　　　　　　　管理与经济学院　闫安

给四年前的自己写一封信 /188

　　　　　　　　　　　人文与社会科学学院　张煜

回顾过去　展望未来 /192

　　　　　　　　　　　设计与艺术学院　赵馨宇

第五章　德学思 /197

我们既生逢其时，也重任在肩；我们既是追梦者，也是圆梦人。追梦需要激情和理想，圆梦需要奋斗和奉献。投身于志愿活动，服务社会、服务人民的实践，是我们实现人生价值的途径；而有责任、有担当、有奋斗、有奉献的人生，才是有意义的人生。

第一章 领航志

走出迷茫 逆风飞翔

宇航学院　朱建玮

各位新生，你们好，我是来自宇航学院飞行器动力工程专业的2017级本科生朱建玮，即将在咱们本校空气动力学与流体力学专业攻读博士研究生学位。四年前，我也像你们一样怀揣着对大学的无限憧憬坐在操场听着2013级学长学姐们分享他们的故事，而今天，我将为你们分享我的大学故事，一个陷入过迷茫，但成功摆脱迷茫、逆风飞翔的故事。

陷入迷茫

四年前，也就是我的大学之初，我怀着一份为祖国航空航天事业做贡献的初心踏入北京理工大学，选择了航空航天专业。刚进大学的我认识了很多优秀的学长学姐，我只看到了他们在大学期间取得的成就，却忽略了他们取得成就过程中的付出。我给自己定下一个"小目标"——获得保研资格，早日进入实验室参与科研工作。但是，我只顾着仰头看天，忘记了低头赶路。脱离了老师、家长的督促，我彻彻底底"放飞"了自我：作息不规律、沉迷"王者""吃鸡"、学习拖延不主动、终日宅在寝室……一个学期很快就过去了，曾经还算优秀的我却离目标越来越远。周围优秀的同学，不是成绩比我高二三十分，就是证书比我多了七八个，在这种突如其来的落差之下，我陷入了迷茫。

我相信，各位优秀的师弟师妹们在进入大学之初，已经为自己的大学立下了高远目标，但请记住"要想成功看得见，迈腿行动是关键"。

摆脱迷茫

充实的大学生活并非舒适而空虚的寝室生活，优异成绩的取得必然有辛苦的付出。师弟师妹们，你们知道我是怎么迈出迷茫的吗？

从大二开始，我开始在图书馆自习，见过早上空无一人的图书馆，也听过晚上十点钟保安清馆的声音。我每晚坚持在操场跑步，成为我们校荧光夜跑跑完五十圈的目标任务用时最短的人。我在课外时间积极参加科创比赛，获得大学生物理竞赛二等奖，制作出"中国风"小火箭。我参加暑假社会实践，带领学院重点团队前往山西方山县调研支教情况。我的大学生活变得充实起来，也繁忙起来，但是这种繁忙让我觉得很踏实，在踏实的感觉中迷茫也就慢慢消散了。

当然，这个蜕变是比较艰辛的。我认为是跑步带给我的毅力支撑着我完成了这个蜕变。在北理工，两千米体育测试是每一个人都无法绕开的关卡。而当时缺乏锻炼还比较肥胖的我面临这个考验是挺害怕的。我开始每天在操场慢跑，起初十分痛苦，跑完几圈第二天起床都很困难。但是跑了几次之后，我慢慢发现我可以跑得更久，也发现连续几天不锻炼，身上还挺不自在的。正是长期坚持跑步磨炼了我的毅力，支撑着我完成蜕变，也让我成功从之前的 105 千克瘦身到现在的 75 千克。

逆风飞翔

当我重新回到自己的既定轨道时，时间已经到大二了。对于取得保研资格这个目标而言，原本跟我处在同一起跑线的同学现在已经远远领先于我，我所要做的就是在剩余的时间内赶上去。在加权平均分被落下了接近 10 分的情况下，我只能在每一学期、每一门课中争取做到极致，不能有一门出现失误。那个时候，我对"大学要学会自己为自己的选择、过错买单"这句话有了深刻的认识，我需要为自己之前的过错买单。课前预习、上课坐第一排、课后拉着老师问问题，还时常以邮件的形式向老师请教……这样一套"组合拳"下来，我的学习成绩也就理所应当地成为专业第一。接下来的四个学期，我连续保持专业第一，专业课成绩全部 95 分以上，我成功在本校直博，并在大四进入课题组开始科研工作，也算是完成了自己的大学目标吧。

在大二、大三，我收获了很多荣誉与奖励。在学科竞赛方面，获得国家级二等奖、国家级优秀奖、校级二等奖等荣誉；在奖学金方面，多次获国家奖学金、优秀学生一等奖学金等。所获奖学金解决了我大学期间的绝大部分学费与生活费，减轻了母亲的经济负担。我还获得了北京市优秀毕业生、校优秀学生标兵、校优秀学生、校优秀团员等荣誉称号。

我在改变自己的同时，也努力带给他人正向影响力。在辅导员的建议与帮助下，我带着同学们组织了 15 次考前串讲、20 次答疑，并且帮助 3 位被列入学业警示名单的同学取得了成绩上的显著提升，为学院营造了良好的学风。当然，这个过程是比较艰辛的。在周末辅修了法学双学位的我课余时间本就不多，而组织串讲等活动需要投入大量的时间，那一段经历也间接提高了我的工作效率。

总结

网络上流行用自己的专业来写土味情话，在这里我也写一写：我的大学经历就像固体火箭发动机点火药略有不足时的点火过程，虽然前期的迷茫让我停滞不前，甚至跌落谷底，但是最后经过努力燃烧，达到了自己的预定高度。今天，看到台下散发着青春光芒的师弟师妹们，我仿佛看到了四年前的自己。在这里我将我的大学故事分享给你们，优秀的你们怀揣梦想来到北理工，对自己的大学生活充满着希望。我希望你们在大学期间能够很好地把握自己的大学、把握自己的青春、把握自己的人生，向着自己的目标奔跑，成功点燃青春之火，绽放自己。在你们遇到低迷时也要记得，命运不会辜负努力的人，要像我一样敢于逆风而飞。最后，愿你们如我一样带着梦想乘兴而来，带着理想和知识尽兴而归。

缘梦北理

光电学院 时昊

亲爱的学弟学妹们，大家好！我是来自光电学院的 2017 级学生时昊，很荣幸能和大家分享我的个人经历。回首过往，追溯缘分的轨迹；遥望未来，踏上梦想的旅程。我分享的主题是"缘梦北理"，与大家分享我参加学科竞赛的点点滴滴，希望能对大家有所启发。

缘起·4002

首先，我要提一个北理工人耳熟能详的名字——张忠廉教授。已是 86 岁高龄的他，退休后仍坚守在光电创新教育实验基地——4002 教室，兢兢业业 60 载，只为教书育人。说起张老师，每一个认识的人都由衷地钦佩和崇敬。

我的双创之路正是始于大一暑假时与张老师的相遇。记得那天，我来到 4002，张老师把我安排在机械赛小组。我印象很深刻，因为当时恰好错过了报名时间，但出于对科创的兴趣，我还是决定珍惜张老师给予的学习机会，跟着老师和师兄师姐加班加点，小组最终取得了国家机械赛一等奖的好成绩。虽然，明知获奖名单里不会出现我的名字，但是我也没有感到遗憾，因为我明白这段时光带给我的远比一纸奖状要重要得多。

饮其流者怀其源，学其成时念吾师。可以说，是张老师发现了我的潜力和价值。作为北理工师德师风的楷模，张老师身上精益求精、一丝不苟的宝贵品质也深深影响了我，指引我立志成为胸怀壮志、明德精工、创新包容、时代担当的新时代青年。

逐梦·双创

（一）践行

同张老师的学习经历激发了我对于科研创新的浓厚兴趣，于是大二开始，我便加入了医工融合团队，主要课题为 AR 手术导航系统，该研究隶属国家自然科学基金面上项目。我最早从体模实验做起，负责基本的数据标注。在有了一定的知识积累和研究基础后，我在 301 医院先后完成了颅底导航手术机器人的精度估计与模型校准等一系列实验工作，并独立开发了基于深度光流网络的冠状动脉运动估计技术，将血管的运动估计速度提升了 100 倍。

在 301 医院期间，我们发现胸腹部的介入手术是在辐射环境下完成的。每 30 例手术的辐射量约等于核工业人员一年的限定辐射量，介入医生正面临着严重的职业疾病困扰。另外，我国每年新发肿瘤病例高达 400 万例，医疗资源供需的不平衡导致大量患者的就医需求难以保障。同时，气胸等术后并发症每年夺走了上万名患者的生命。科学技术的价值就在于解决实际难题。

于是，我们组织起团队，站在前人的肩膀上，开始了国产介入穿刺手术机器人的研究，运动估计技术主要由我牵头完成。在两年多的时间中，小组与医院研发讨论 300 余小时，临床考察调研 10 余次。最终，我们彻底解决了机器人手术中的呼吸运动干扰与快速注册等问题，并成功完成了国内首例预临床人体试验，让医疗设备行业对介入手术机器人的临床意义与可靠性有了全新的认知。

我深刻认识到，与团队在实验室度过的一个个绞尽脑汁的日夜，给我们提供了打破国外技术垄断的底气。那些曾和我并肩作战的伙伴们，有的精深求索，选择奔赴北大、浙大、早稻田等国内外名校深造；有的胸怀壮志，至今仍奋斗在手术机器人事业的最前线。

得其大者可以兼其小，我作为一名光荣的中共党员，更应该在科创工作中不断发挥先锋模范作用，带领身边的每一个人将所学所想与人民生产生活的实际需求相结合，将实现个人梦、北理梦融入实现民族伟大复兴的中国梦。

（二）征程

2020 年 6 月，我报名参加了"挑战杯"竞赛，想通过参加比赛提高个人能力，积累项目落地经验，同时扩大产品知名度。在备赛期间，我常常面临着项目研发与参赛材料准备的双重压力，经过团队成员的共同努力，这些困难都被一一克服。临近比赛的两个月，我常常在实验室加班加点到夜里十二点。在临近决赛的一周，学校还专门为团队筹备封闭式训练营，组织了数十次线上专家指导。就在每个人都神经紧张的时候，张军校长专程来看望参赛选手，为大家加油打气。张军校长在指导我们时亲切地指出，作为北理工人，要抓住学科交叉领域的重大创新机遇，手术机器人项目要不断抓好落实，深入各级医疗体系，普惠全中国的医生与患者，为健康中国战略贡献北理工的青春力量。一席话如春风化雨，让我们备受鼓舞。

（三）收获

在学校各位老师的支持和鼓励下，我作为队长，荣获全国"挑战杯"创业计划竞赛金奖等荣誉；作为副队长，荣获"互联网+"创新创业大赛全国金奖；作为"智引微创"团队创始人之一，相关成果已被收录在北京团市委出版的《双创成果推介册》中。我很庆幸，当初自己没有因为本科生的身份就胆怯不前，而是勇于创新、敢于担当。在广州市华南理工大学举行的第6届"互联网+"大赛全国总决赛现场，我是唯一一名以答辩选手身份在场的本科学生。我也很感激当初坚持的自己。赛后，我作为团队代表受邀参加2020年度北理工双创工作座谈会，并接受系列访谈。

除了证书和荣誉，通过学科竞赛我还为实验室团队争取到了入驻国防科技园的入园合同，由北京市教委签发，三年免租金及水电费用；除此以外，凭借全国"挑战杯"竞赛的出色表现，我还争取到了首创集团、华金大道等6家投资公司先后抛出的合作意向，并作为桥梁完成了与实验室负责人的对接。

结语·展望

学在北理工，那些艰难时刻，都将在日后开花结果。本科期间，我曾获得徐特立奖学金等院级以上荣誉四十余项。感谢学校对学生参加创新创业的鼓励和支持，为我们提供了非常好的实践锻炼平台，让我们有机会在全国最高水平的比赛中展示北理工学子的双创精神。

一代人有一代人的使命，一代人有一代人的担当。作为新时代的北理工人，我们要始终牢记自己的初心与使命，意志坚定地走在服务国家重大战略需求的康庄大道上。未来，我将潜心科创，继续深耕，努力接过张忠廉教授等北理工老一辈的接力棒，向更多的人传递北理工精神，不辱使命、为国铸剑！

祝愿学弟学妹们，风华正茂担当新使命，意气风发启航新征程！同时，祝愿我伟大的母校在科技创新领域取得更多成果，在建设世界一流大学的道路上蒸蒸日上，阔步向前！

立凌云志，做科创人

信息与电子学院　王璇铮

大家好！我是信息与电子学院2017级本科生王璇铮。首先，请允许我向新入学的新生们表示最热烈的祝贺，非常高兴能和新同学分享我的成长之路。

我的故事，从2017年我入学的这个年份说起。

2017年，我同各位一样，步入了北理工的校园。也正是在这一年，国内国外发生了很多的大事，现在回想起来，正是这些大事彼此交织、相互影响，无形中为我的大学四年埋下了伏笔，定下了基调。

2017年，人工智能Alpha Go 3∶0战胜柯洁。同年，国务院正式印发了《新一代人工智能发展规划》，将人工智能领域的顶层设计和发展规划提升至国家战略。此时距离首批设立人工智能本科专业还有两年。大一时，我参与由教育部和北京大学组织的"Deecamp人工智能夏令营"，原谷歌副总裁李开复博士、斯坦福人工智能实验室主任吴恩达教授等产学研一线专家亲自授课。我参与的小组负责"人工智能自动作曲"算法研发。如何让人工智能"自动作曲"？如何让机器学习到复杂的乐理？如何把情感、音乐风格等抽象内容变成一条条实际的代码？我们进行了多种尝试。最后在对系统进行图灵测试时，我们发现，如果把人工智能算法生成的乐曲与人的真实音乐作品放在一起，根本听不出两者的区别。人工智能打破了艺术和美学创造上的边界。

2017年，我国精准扶贫工作实现了对全国贫困底数的识别，中办、国办印发了《关于支持深度贫困地区脱贫攻坚的实施意见》。此时距离实现我国贫困县全部脱贫摘帽还有三年。大一期间，我曾赴江西婺源山区希望小学参与大学生支教，担任"星火六班"的班主任。山区教育资源的匮乏和城乡生活差距给了我很大的震撼。我认识到，教育扶贫才是从根本上消除贫困基因、阻断贫困代际传递的重要方法。之后的多个假期，我以"教育扶贫"为研究方向，多次组织队伍开展社会实践。我们赴多省市对当地家长和学生展开调研、分析各地区教育现状水平、国内外教育扶贫案例，并访谈相关领域教授学者和扶贫一线工作者，对国内欠发达地区教育发展方向提供研究支撑。四年来，我累计获社会实践奖项八项，多次获校级优秀实践团员。

2017年，韩国决定部署"萨德反导系统"，王毅外长表示"我们奉劝韩国不要一意孤行。"此时距离我们的王毅外长参与那场著名的"中美阿拉斯加对话"还有四年。我的第一份校内科研项目就是军工方向的。大二期间，我在国家重点实验室参与研究。我记得做这个项目的时候正是寒假，为了不耽误项目进度，项目组的本科生、研究生和老师们都留在学校工作。大家一起战斗、一起学习，那是一段非常难忘的日子。这段研究经历让我认识到了团队的重要性。组里面的成员来自信息、机电、自动化等多个方向，每个人根据自己擅长的领域负责整个系统的一个小部件，共同为最终的成果添砖加瓦。北理工人一直有科研报国的优良传统，这段奋斗的日子也坚定了我投身科研的决心。

2017年，特朗普宣誓就职第45任美国总统。一年后，加拿大警方在美国政府的要求下，扣留华为CFO孟晚舟。两年后，美国将华为纳入"实体清单"。三年后，美国商务部宣布加强出口管制，全面"断供"华为芯片。2017年我入学北理工，经选拔成为信息学院电子科学与技术全英文实验班的一员。大三期间，我曾公派赴香港科技大学芯片设计中心参与科研交流。那段时间，我白天要完成交流期间的课业任务，晚上才能去实验室工作。我的第一版成品测试就是在凌晨3：00和组里的博士生们一起完成的。交流期间的宿舍和实验室刚好在校园的两头，每天我回宿舍都要踏着夜色横穿整个校园。每当我回忆起那时一个人奔波路上的情景，脑子里浮现的并不是孤单和长路，而是波澜壮阔的海洋和天空中闪耀的星光。

回顾我的大学四年，我一直在想这么一个问题，有哪些因素或者能力对科创工作的影响最大呢？首先是大环境。北理工有科技报国的光荣传承，比如我们信息学院为中国国防事业锻造"千里眼"的毛二可院士团队三代雷达人的坚持；北理工有良好的科研环境和广泛参与科研的机会。其次是个人的主观能动性。说到主观能动性，我有以下几点与大家共勉。

身体健康。科研不仅是脑力活，更是体力活。谁的毕设不刷夜？谁的数模不通宵？有一个好身体，能让我们走得更远。

平衡能力。平衡课内和课外，平衡短期与长期，平衡学业本分和学生工作，平衡自我提升和帮助别人。我本人也曾担任校学生科协主席。学业是本分，当精力有余时才能做好科研和创新。

快乐的能力。科研和创新是艰苦和枯燥的，要在科研和创新中不断自我激励，寻找快乐，让自己在工作中感到快乐，同时也要让与你同行的人感到快乐。

最后，也是最重要的一点，要将自己的科创工作投入国家建设、社会发展的洪流中去。习近平总书记在考察清华大学时寄语青年："广大青年要肩负历史使命，坚定前进信心，立大志、明大德、成大才、担大任，努力成为堪当民族复兴重任的时代新人，让青春在为祖国、为民族、为人民、为人类的不懈奋斗中绽放绚丽之花。"我在成长路上，扎根北理工的沃土，始终牢记"德以明理，学以精工"的校训。这几天我刚刚完成清华大学研究生新生开学报到，对习近平总书记的寄语感触更深。希望我们一起努力，发扬创新精神，展现时代担当。只有将一滴水融入时代潮流，才能够真正发挥自己的作用。

我的大学故事
——为梦拼搏的你最闪亮

材料学院　杨昕钰

青春的生命闪亮，青春的我们向上。我们都在浸透了汗水的试卷上书写下追逐梦想的印记，我们都用跳动的梦想朝着前方的繁花飞驰，我们都为了繁花似锦的未来继续一往无前。

亲爱的各位新生，你们好，我是材料学院2017级本科生杨昕钰，很感谢能站在这里与大家分享我的四年大学故事。

一面军工旗帜，三代不懈追求。从小就听爷爷讲他当年参军入伍、抗美援朝、支援"三线"、扎根贵州投身军工事业的故事。我的父亲作为第二代"三线人"，大学毕业后逆着东南沿海潮，毅然回到西南的山沟里，专注于发动机叶片制造技术。到了我这一代，在选择报考大学时，我坚定地选择了有着国防军工优秀传统的北京理工大学，怀揣着一颗炽热的报国心，走上了属于我的国防科研之路。

站在这里回望四年前，其实刚刚步入大学的时候也不是一帆风顺的。我是贵州的考生，新同学中应该也有不少我的老乡。不知道大家有没有和我一样的感觉？虽然在高中名列前茅，但是入学以后，优秀的同学实在是非常多。我很清楚地记得，第一学期结束后，看到成绩时，我很难过，没有达到我规定的目标。在第二学期德育开题时，我给自己定下一个小目标，每个学期的成绩排名要比前一学期前进。这个想法听起来好像不是那么难，但实现的过程往往比想象中艰巨。我每天早上八点开始学习，晚上十点半结束学习，即使是周末，也是夜晚综教理教的阿姨清人的时候才走。经过脚踏实地的不懈努力，我在大三时学习成绩、综合成绩都达到了专业第一，也成功获得了保研资格，获得了国家奖学金、北京理工大学最高荣誉徐特立奖学金，也很幸运地在毕业时成为毕业生代表，在毕业典礼上发言。应该说，我超额完成了德育开题时定下的所有目标。在这里我想用我自己的亲身经历告诉大家，经历挫折真的会使人成长，所以我们不要因为摔过跤而不敢奔跑，不要因为风雨而抱怨生活。只有一步步克服挫折、挑战挫折、享受挫折，才能找到生活的闪光点，享受成长中的每一次精彩。

接下来想跟大家聊聊科研。进入大学，我们会有很多机会聆听学术科研讲座。可能你在一次讲座或者一次课堂中，沿着不明白的问题深挖下去，就会叩开科研的大门。我的科研之路正是如此。在一次课上，我对"MOF基材料"不太明白，反复追问老师，这个经历点燃了我的科研梦。随后，我参加了大学生创新创业项目，开始进实验室参与相关实验。那段时间，为了尽早适应课题组的工作强度，我阅读了数百篇文献，调整实验方案几十次，经过日夜反复打磨，我终于将自己的研究发现凝练成人生的第一篇学术论文，并代表学校参加了2020年全国大学生创新创业年会。

发表自己人生的第一篇论文，很有成就感，但是背后付出的艰辛真的只有自己知道。在我开始镁二次电池体系正极材料改进的研究时，屡次合成失败、测试结果不符合、性能不佳，也曾想过我是不是不适合做科研。在老师和朋友的鼓励下，我重整旗鼓，调研文献寻找突破口，想尽办法提升性能，循环着前一天晚上磨电池、第二天早上装电池的日子，好不容易将实验做成了，论文的初稿也是一遍一遍修改，最后才达到理想水平。经过自己的努力，在SCI一区期刊上以共同第一作者身份发表文章1篇，参与发表SCI top期刊文章2篇，申请国家发明专利1项。大家刚入学，可能对这个成果没什么概念，我稍微不谦虚地给大家解释一下，我本科这些科研成果，已经达到了同专业研究生的毕业水平。另外，想跟大家说，做科研，要能坐得住冷板凳，因为每天的实验结果并非都是正反馈，因此我们需要日复一日坚持与努力。希望大家能和我一起继续努力，度过丰富又充实的校园生活。

进入大学，很多同学会有一些疑问：要不要做学生工作？该如何平衡时间？我的答案是：如果精力允许，请积极参与。当学生干部或是加入学生组织，会不会占用学习时间？当然会。那既然参与学生工作会占用时间，为什么还要参与？我想说，经历过一定不会后悔，它既能实现个人综合能力提升，又能帮助到身边的同学一起进步，这是多大的快乐呀！我在上大学以前没有当班长的经验，但是我在竞选班长的时候，明确表达了我真诚地想为同学们服务的决心，获得了大家的认可和支持，成功获选。担任班长对我来说，是摸着石头过河。带头参加各项文体活动，以提升班级凝聚力为己任；和班级同学组队参加北京理工大学材料学院时事论坛，获三等奖；所在团支部获评北京理工大学五四"优秀团支部"……在一次次活动的磨砺中，我更加明白了什么是责任，也更加坚定了服务同学的信念。

作为学生干部，我以服务社会、奉献他人为使命。我是志愿北京注册志愿者，目前累计志愿时长已近200小时。此外，在2019年的夏天，我参加了世界机器人大会志愿服务，我值守了一周的票岛岗，每天要面对大批观众注册、换票，嗓子都嘶哑了。2021年建党百年庆祝活动中，我有幸参与了鸟巢的专项任务志愿活动，负责外部停车场的观众集结工作。学校给我们提供了非常多的参与学生工作和志愿活动的机会和平台。我希望学弟学妹们积极参与其中。参与的经历不仅会带给你难忘的体验，更会让你得到自我价值的提升，它是与社会的温柔互动，是对家国情怀的倾情实践！

四年的大学生活，我也曾经历失败和沮丧。学弟学妹们，当你们在未来的大学生活中遭遇挫折和坎坷时，请你们记住一个词——坚持。不论是期末课程考试失利、成绩排名不理想，还是实验遇到难题、结果与预期不符，抑或是组织活动遇到磕绊，只要你们勇敢坚持，你就会无愧你的大学时光。

四年的坚持，迎来了我人生的新阶段：在北理工材料学院材料化学专业攻读硕士学位，致力于新型离子电池体系的研究。

学弟学妹们，让我们共赴人生的新阶段。北理工拼搏奋进的精神是我们成长的不竭动力，一代代北理工人胸怀家国情怀，把人生理想融入国家富强和民族复兴的伟大事业中。面向新时代，我们应该义不容辞地接过接力棒，展示北理工人的责任与担当！星河滚烫，唯有坚持热爱可抵岁月漫长。

在志愿中体悟，在奉献中成长

化学与化工学院　李瀚楼

各位老师，各位同学，大家好，我是材料学院的研究生李瀚楼，很荣幸能与大家交流我在志愿活动中的思考与感悟。

四年本科，志愿活动贯穿着我的课余生活。从良乡周边小学的日常支教到关怀听障儿童，从暑期支教到学校"一二·九"冬季长跑；从中国国际服务贸易会到2021年冬奥会场馆的综合演练工作，都有我参与志愿服务的身影。

说到参加志愿活动，我的经历有点"曲折"。高中时，我缺乏耐心并且只关注自己学业，对身边和社会中需要帮助的人有些"事不关己，高高挂起"的漠然态度，不少高中同学都挺"嫌弃"我的。来到北理工后，我被学长学姐的志愿热情、诚挚助人的胸怀所感染，同时也想尝试着改变自己，于是我主动加入志愿社团。随着各种志愿活动的深入参与，我意识到志愿公益远不仅是我看到的这么简单，下面我用三个故事来讲述。

希望

大二暑假，我和同学们到河南的一所贫困初中开展暑期支教。在家访的过程中，一名初三女生给我们留下了深刻印象。这个女生的家里只有一间空荡荡的土坯房，家里没有电灯，条件十分艰苦。女孩的父母常年在外地打工，她平日除了上学还要照顾年幼的弟弟和久病卧床的爷爷。

尽管条件如此艰难，她的成绩却名列前茅，但家里想让她放弃读书，赶紧工作赚钱。这么一个天资聪慧的学生，一定能以很好的成绩升入理想的学校！我和同学们都特别着急，于是主动找她的家长劝说。我们介绍了大学的贫困生助学政策，晓之以理，动之以情。终于，女孩和我们约定以考上大学为目标，继续学业。

这是我讲的第一个故事。我想，求学对于一些落后地区的孩子们来说，是他们走出去的希望。我们不想看到有人因为家庭观念落后或条件艰苦被迫终止求学之路。所以，我们的一次到来、一段交流，或许能给他们中的某些人架起一座桥、点亮一盏灯，给他们带去希望。

勇气

第二个故事的关键词是：勇气。大家应该看到过"熊爪咖啡"的报道，店铺聘用残障人士，让他们感受到了别样的温暖。其实，很多残障人士有自主生活的能力，他们唯一需要的，就是被平等对待、被社会接纳。

我参加过一项帮助听障儿童的公益活动，帮扶对象是先天听力障碍的儿童。每次的活动分为律动操、绘本阅读、手工制作和小游戏四个部分，目的是提高孩子们的运动、理解和动手能力。我们同这些具有先天缺陷的小朋友一起做操、一起游戏，就是想给予他们关怀与爱。

每次活动结束后，看到孩子们阳光般的笑容，我心里特别有成就感。我希望尽我最大的努力，在他们心中埋下一颗温暖的种子，能够帮助他们卸掉防备、打消顾虑，带给他们融入这个社会的勇气。

启蒙

第三个故事的关键词是：启蒙。我和志愿社团的同学们，带领良乡校区周边的小学生们前往中国科技馆参观学习。大学生和小朋友一对一组队，给他们讲解展品背后的科学知识。

我们精心设计了活动手册，手册中列了一些很有趣的问题，需要在参观过程中寻找答案，以此提高参观体验感和趣味性。在手册最后，我们还预留了空页供小朋友们填写参观感受。没想到，这不经意间预留的小小空页，带给了我最大的触动。有小朋友说："我们看到了很多珍藏品，也见识到了我们的中国文化知识，很开心。"有的说："我喜欢细胞，尤其是拼骨头，那是我最喜欢的了。"看着这些稚嫩的笔触、读着这些简单而朴实的话，我深深被感动了，我建议大家一定要找这样的机会，去和孩子们交流，因为你们可以看到他们内心对知识的渴望、对生活的好奇与热爱，甚至还可以看到自己小时候那一颗对世界探求的心。

三个故事讲完了，我一直在想：我从志愿活动中收获了什么？满满四年的公益活动，我获得的不仅仅是533小时的志愿时长，更是心灵的洗涤、思想的提升、能力的锻炼和友谊的收获。

在我参加支教活动之前，我认为自己不过是个平凡的人，但在看到自己被需要、被孩子们喜欢之后，我意识到尽管自己很渺小，但依旧有无穷的力量回报给这个社会。因此，一次支教活动结束后，我便向党组织提交了自己的入党申请书，只为更好地历练自己、帮助别人。

开展志愿活动离不开各个学生组织的协作。有人负责活动场地审批，有人负责联络，有人负责推送和视频制作……在活动中，我学会了如何有效沟通、如何处理紧急情况、如何制作推送等一系列技能……

作为校志愿者总队的队长，我和队员不仅是工作上的战友，也是生活上的伙伴，我们会在部门会议上争个面红耳赤，也会在逢年过节一起庆祝。

志愿活动虽然平凡却不渺小，无论对实现自我价值，还是推动社会发展，都具有十分重要的意义。奉献友爱、团结互助是我作为青年人的担当；自强不息、爱国奉献是我作为北理工人的坚守；矢志不渝、艰苦奋斗是我作为共产党员的信念。

作为北京理工大学的新时代青年，要有为国为民的担当精神。我们既生逢其时，也重任在肩；我们既是追梦者，也是圆梦人。追梦需要激情和理想，圆梦需要奋斗和奉献。投身于志愿活动，服务社会、服务人民的实践，是我们实现人生价值的途径；而有责任、有担当、有奋斗、有奉献的人生，才是有意义的人生。

我们每一位北理工人都应主动肩负起历史赋予的重任，以青春之我、奋斗之我，为民族复兴铺路架桥，为祖国建设添砖加瓦。

以青春之我,奉献青春之校园

徐特立学院　袁祥博

亲爱的各位学弟学妹们,你们好,我是2017级徐特立学院计算机科学与技术专业的袁祥博,目前博士就读于网络空间安全学院。历史的车轮滚滚向前,随着我们最后一代"90后"本科毕业,本科的校园已经成为"00后"的天下。很高兴能够和大家一起分享我的大学故事。

实践·感悟

由于从小受到爱国情怀的熏陶,大学伊始,我便向党组织提交了入党申请书,渴望成为一名共产党员。2017年正值十九大召开之年,为了能够对十九大相关内容有更好的了解,我围绕党的十九大报告和《习近平谈治国理政》《习近平的七年知青岁月》等书籍进行研读,并积极与优秀的党员同志交流学习。大二的时候,我在深入学习十九大精神的同时,加入了学院的"十九大精神宣讲团",将十九大精神传递给身边人。同时,我深化了对国家发展和脱贫攻坚的认识,也意识到大学生需要承担的社会责任。

我曾前往山西方山和山西襄汾支教。在支教过程中,我们将国家发展和科技成果凝练成一个个故事,讲给当地的孩子们听。一个二年级的小朋友的一句话深深触动了我,她说:"最喜欢哥哥姐姐们讲述的长征故事,非常有趣,我以后也想到北京去读大学,成为像哥哥姐姐一样的大学生,为祖国的发展做贡献!"我们的支教活动受到了农民日报、中国青年网、大学生杂志等媒体的关注报道。2018年12月18日,我加入中国共产党。

相信大家在入学这段时间里已经对徐特立老先生有了初步的了解。徐特立老先生是我们的老校长,毛主席曾赞扬徐特立"革命第一、工作第一、他人第一"。我曾连续两年担任"重走徐特立老院长初心路"实践团负责人,组织开展了一系列实践活动,将徐特立精神传承、发扬。

作为新时代青年的我们，应当不断参与到实践当中去，积累实践经验，厚植爱国主义情怀，听党话、感党恩、跟党走，自觉融入中国特色社会主义新时代的发展格局，融入理想信念，扣好人生的"第一粒扣子"。

尝试·坚持

我们常说"坚持就是胜利"。那么我们坚持什么？每个同学都有自己的答案。有的同学矢志军工、为国铸剑，有的同学驰骋赛场、为校争光。而我选择了奉献自己、服务校园。选择"坚持"这个关键词，是因为不管遇到多少困难和抉择，我都没有放弃。

为了能够更好地服务同学，我并未将工作局限于每次活动的完结，而是更多关注于活动之后的总结反思，为后续的活动奠定更好的基础。通过一次次的反思和总结，活动的效果越来越好，我也获得了更多的提升。还记得大二的时候我修了法学双学位，当时辅导员提醒我，在徐特立学院培养模式下，学生工作和双学位最好二选一，因为人的精力都是有限的，很难能够同时把这几件事情都做好。在纠结之后，我觉得知识可以自学，但是服务校园、服务同学的机会可能只有一次，所以我放弃了双学位。

大四的我已经取得了直博资格，在很多人看来都已经大四了，没必要再做学生工作。但是在我看来，服务校园和自身科研工作不应是冲突的，而是相辅相成的。在校学生会担任主席的一年中，我负责了2020年北京理工大学车站迎新活动，根据疫情防控要求，学生会承担接站、测温、行李发放等工作。相信大家入学的时候都感受到了迎新热烈的氛围，但大家可能没有看到这项工作背后的工作量。我们要和各车站提前沟通服务内容，并做好各项疫情防控工作，为新生提供周到的服务；我们要做好行李快递代收工作，妥善安排新生入学第一天食宿；我们要精心准备新生礼包，带给新生北理工特有的第一声问候……

2020年年底，"深秋歌会"在良乡校区文化体育中心举办，这是一项备受校内外关注的文艺活动。我带领学生会骨干多次进行现场踩点，不断完善舞台方案，拟定活动预案。还记得活动前一天晚上，我们和舞台商不断磋商舞台位置、声音效果，一直到了凌晨两点舞台才基本完工，而第二天早上八点又要开始紧张的彩排。同时，为了弥补线下座位的不足，我们利用学校官方B站、抖音平台进行直播，累计播放量达2.1万人次，形成了较大的影响力。虽然准备工作非常劳累，但最后为现场千余名师生奉上了一场视听盛宴，让我觉得一切的努力和付出都是值得的。

平衡·奋斗

作为北理工的学子，我一直努力践行张军校长提出的"立志立德、领军领导、学精学深、求同求异、创新创造、国家国际"。我积极参加各项科创竞赛，参与各类社会调研。大三时，我加入密码技术与数据安全研究所，参与国家 242 信息安全专项、国家自然科学基金项目等。

其实当初的我也有过迷茫，迷茫于学生工作和学习的关系。大一的时候因为忙于工作而没有复习，我在数学分析月考中仅仅考出了四十几分的成绩，这给当时的我当头一棒，让我开始怀疑自己的能力，怀疑自己是否能够在保证学业的情况下兼顾学生工作。想过退出也想过放弃！还记得当时我的一位学长告诉我："干学生工作的人只是把别人打游戏的时间用于学习。"这句话点醒了我，我也在最终的期末考试中取得了不错的成绩。

学弟学妹，你们是第二个百年奋斗目标开启后的第一批大学生。习近平总书记说"未来属于青年，希望给予青年"，希望大家能在学业有成的同时，投身党和人民需要的地方，心怀"国之大者"。时代的舞台正在向我们青年一代开启，我们生逢其时，重任在肩，必须扛起责任，做脚踏实地的行动派、奋斗者，以青春之我、奋斗之姿，为实现中华民族伟大复兴的中国梦贡献青春力量。

第二章 大学道

大学时光仿佛是一首歌，每一个高音音符和低音音符都或许代表着某一时刻的愉悦和沮丧。也正是这些高低音的交错，谱写出了我独一无二的大学之歌。时间的歌用青春落款，大学四年时光匆匆流逝。过去的四年，是快乐的，是辛苦的，同时也是值得回忆的。

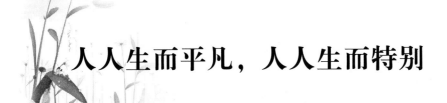

人人生而平凡，人人生而特别

宇航学院　刘安琪

真的很感谢北理工，给了我很多静下心来自我反思的机会。

2021年5月，我在精工书院做朋辈导师，被临时告知需要讲一下自己四年的经历，一时间很多记忆从四面八方奔涌而来，正是那个时候，我觉得有必要认真梳理我这四年所历所感、所思所见。借着这次德育答辩的机会，我做了较为全面的整理。

我的题目是"人人生而平凡，人人生而特别"。每个人出生时都是一张白纸，但每个人又都有着独一无二的性格和品质，发挥这些品质的正确与否，决定了我们能否成为最"特别"的那一个。

懵懂的大一第一学期

大一第一学期我的成绩并不好，年级78/215，因为我听从了身边大多数人的说法——"上了大学就轻松了"。虽然我还保持着高中时的劲头，比如说坐前排、早起占座，但骨子里已经不认为学习是大学最重要的事情了。逐渐地，我失去了对上课的兴趣，坐在第一排睡觉，被两三位老师吐槽"你是怎么考上大学的"，作业基本都是要交的前一个晚上才写，写不完也无所谓。就这样浑浑噩噩地度过了第一学期。

但是大一上也不算完全荒废。在文体活动方面，我凭借着七年的主持经验和两次在保利剧院主持毕业典礼的履历被抽调到北京理工大学军训旅指挥部，并在开学后加入京工演讲团校主持队，主持了多场大型活动。我参加了新生辩论赛，作为队长带领我们辩论队一路披荆斩棘拿到冠军，个人获最佳辩手。

在科创科研方面，也打下了一点基础。开学伊始，辅导员请了四位刚毕业的学长学姐分享经验，他们的分享使我萌生了大一就提前进入实验室的想法（虽然现在想起来也挺吓人的）。恰好10月学院举办学科推介会，我毅然从良乡跑到了中关村。当天恰逢体测，为了两边都不耽误，一向非常惧怕跑步的我在早上8：15工作人员还没准备好的情况下直接跑了800 m，气还没喘匀就坐上8：30的校车前往中关村。

当时对"实验室"和"科研"完全没有概念，也不知道自己的兴趣点，现场的每个展台我都仔细地咨询了一遍，做了详尽的笔记，学长学姐们也很惊讶一个大一的小姑娘居然这么早就在准备这些事情。我按照兴趣分了等级，依次去和老师们联系，最后无人机自主控制研究所的宋韬老师十分欢迎我前来学习，于是我开启了近一年半"无知无畏"的实验室生活。

那段时间我还在良乡，所以每个周末都要一大早起床跑到中关村去。而当时我线性代数、理论力学、自动控制原理、飞行器系统概论等基础课程一门都没学过，连坐标转换都看不懂，因此我要同时学好几门课程，看遍相关中英文教材。大一的寒假也是在实验室度过的。

那段时间虽然很辛苦，也没参与什么项目，但是对我的影响还是很大的。我明白了课内学的课程非常有用，一定要好好学才行；同时也让我发现了兴趣点，在大一结束选专业时多多少少比别的同学更坚定一些。非常感谢宋韬老师，愿意带我成长，让我从零开始。

同时，大一上学期我还加入了北京理工大学航模队。经过50天6轮考核，我凭借出色表现进入以"最苦最累、要求最高、很少招女生"著称的项目组。

大学转折点

大一第一学期就这样忙碌地过去了，因为我把重心更多地放在了学习以外的事情上，因此没有取得理想的成绩。但是我很感激这半年来所有的尝试，它们让我知道了自己喜欢什么、不喜欢什么。由于我开始得比别人早，提前试错，因此未来三年，没有走什么弯路。

大一第一学期拿了三等奖学金，爸爸妈妈挺高兴的，说没想到上了大学还能拿奖学金，是意外的惊喜。我心里却觉得，我堂堂北京二中大班长，到哪里都不会输。所以给自己定了小目标，希望下学期考到年级50名以内，毕竟还有五个学期，要循序渐进进步。因此，我上课明显比之前认真了，认真完成书上每一道习题，反复琢磨基础概念。

第二学期的课余生活减少了一些，但仍然比较丰富，比如说继续主持、设计航模队队服、和学长们一起筹备竞赛等。

总体来说，大一的第二学期是非常"佛系"的一个学期。出排名的时候，我按照自己原先的预判，从30名开始往下找，越找心越慌，越找越害怕：30名，没有，50名，没有，70名，还没有??……当时整个人心态都崩了，感觉不至于这么惨吧。突然不小心手指往上滑了一下，我居然考了年级第七……

两年"高三"生活

如果说大一第二学期我只使了60%~70%的力气，那么大二、大三我拿出了110%的劲头。或许是因为知道自己可以，所以格外想得到吧。的确比较辛苦，一个月只放一天假，不光搞学习，还要抓住一切综测加分的机会，有的时候真的会心力交瘁，但是成绩给了我很多回报，虽然始终没有做到最好，但也算不枉这份努力。

我记得有一年元旦，因为节后有考试，我一个北京学生没有回家过节。后来那门课，我考了99分，年级第一。

爱拼才会赢

大四，我被推免清华大学，大学的故事到这里已近尾声。恰逢最近在准备徐特立奖学金答辩，我很认真地思考：我和别人到底有什么不同？我不比大家聪明，很多同班同学只需要学一遍的知识我需要反复学三遍，但是我比很多人努力，也比很多人敢闯，我不会因为怕输就不去试，也不会因为怕麻烦就永远窝在舒适圈。我想这就是我取得了一点小成绩的原因。贾平凹说过："只要你一直走，就终会使众人无法超越。"只要一直努力，你就会成功。

我想告诉每一位同学，虽然我们的大学生活已无法改变，但是未来的路还很长，在任何时候，只要你想努力，从来都不算晚，只要你敢闯敢拼，就一定会成功。也想告诉还未上大学或还在迷茫的学弟学妹们，不管你来的时候是以怎样的成绩，不管你现在排名第几，只要你肯花大功夫、下狠决心，没有你学不会的科目。有志者事竟成，古往今来莫不如是。当然，我最想告诉那些有梦想但不敢去试、有期待但害怕失败的人：不要怕，勇敢去闯，不试怎么知道自己不可以，就算最后落得一败涂地，试过才算不留遗憾，况且上天不是更宠爱那些努力奔跑的笨孩子吗？

感谢的话

这一路走来得到了很多帮助。

感谢我大学四年的班主任宋晓东老师。宋老师细心温和，作为班主任关心我们的学业和生活，当时也是因为得知宋老师是探测专业的班主任才更加坚定地选择了这个专业。宋老师有格局，有大爱，凡事都从学生的角度考虑，是真正在为学生成长成才做出贡献。宋老师是我心目中的"大先生"。希望老师工作顺心、科研顺利。

感谢北京理工大学航模队。加入航模队是我这四年里最正确的选择。我很怀念一群热血少年为了"将亲手制作的航模送上天"的共同梦想而努力的日子。那些在良乡地下室一起"刷夜"，盖着泡沫纸睡在地板上，一起在南京40 ℃闷热天气下出一整天外场，一起在宁夏飞沙走石的荒原上追飞机的日子是我在北理工最快乐的时光。感谢学院和学校对航模队的支持，希望我们未来可以取得更好的成绩，也希望更多学弟学妹加入航模队，将我们的精神传承下去。

感谢宇航学院。在这里我接触到了很多前沿视野，了解到航天事业发展动向，受到了很多"不畏艰难困苦，矢志航天报国"的院士、教授们的感染，还有幸在宋老师的带领下参与了国家自然基金项目，获益匪浅。感谢宇航学院负责学生工作的老师们，这几年得到了各位老师非常多的帮助，也感谢我的每一位任课老师，桃李不言下自成蹊。

感谢北京理工大学。北理工为我提供了很好的平台。她严谨务实、实事求是的学风让我这几年能够潜心学习，踏实持重地学好专业知识，为我的未来发展打下了坚实基础。因根得水，枝叶花果悉皆繁茂。正是因为有了北理工的给养，我们这些花果才能茁壮成长、晶莹饱满。

最后要感谢张军校长对我们班的关怀。张军校长作为我们班的德育导师，他一直密切关注着我们班每位同学的发展，对大家的学业规划和人生方向提出了很多指导性建议。

写在毕业季

宇航学院　张心怡

时间总是过得那么快，别离总是在六月，人生中又一重要阶段迎来了尾声。遥想四年前，高考成绩出来之后并没有为成绩开心太久，之后便迎来了许多夜晚的辗转反侧。经过各方面的考虑，最后在第一志愿填下了北京理工大学。当收到鲜艳的红色录取通知书时，仿佛拿到了我人生下一站的通行证，内心充满期待，开始憧憬着大学生活。

这四年的大学生活细细想来也十分平淡普通，称不上峥嵘岁月。有过辛勤的付出和努力，也有过懒惰和懈怠，有过自信与勇气，也有过自卑与懦弱。普通人的生活不就是这样嘛，总是有喜有忧。

学路历程

大一刚入学，我总想抛开高考学习的束缚感，便一股脑地报了很多社团和学生组织，准备充分享受丰富多彩的校园生活。新生年级大会上，辅导员向我们展示了未来的几种选择：保研、考研、保资、工作、出国等。那时，坐在台下的我十分焦虑，才刚高考完进入大学，怎么就要想着毕业的事情？虽然当时心里笃定自己是要继续读研的，但看到保研比例便觉得保研这条路与我无关了。一方面是面对全国各地的高才生，我并没有自信和实力能够获得保研资格，另一方面是不希望自己大学的生活又被学习占据。之后那段时间，我对学习并不怎么重视，认为只要不挂科就好了，更多的时间则用在了学生工作和娱乐上。结果可想而知，第一学期的成绩并不理想。妈妈知道之后，和我进行了交流，她希望我可以认真学习，争取保研。在当时，我认为这是天方夜谭，毕竟自己的成绩在班里只是中下游，离保研隔着十万八千里呢。但想想自己高中的成绩还算优秀，也不甘就这样堕落下去。于是第二个学期，我开始认真对待每一节课，课后常去图书馆自习，优先安排学业任务，学生工作退而居次。就这样第二学期我拿到了二等奖学金。这大概是我在大学尝到的第一个努力的甜头，保研的念头也冒了出来。虽然此时的差距仍然很大，但我愿意一搏。

大二，课业压力逐渐增大，我退出了一些不太重要的社团组织，只保留了学院学生会的工作，我把重心放在了学习上。但也是因为离目标很近，却又无法触及，我变得患得患失。在学习上遇到一点困难，我就十分焦虑，十分不安。我向伙伴倾诉我的烦恼，伙伴告诉我，不要把学习当作一件功利的事，学习是为了自己。我豁然开朗，想想自己上大学之前，那时努力学习也并不是只为了高考，而是因为真正享受到了学习的快乐，只有感受到知识的魅力才能够坚持下来。如果一味功利地对待学习，总有一天会失去目标，会停止学习。于是我以一种更自由的心态看待学习，将学习看作成长的过程。虽然面对考试不可能毫不在意，但摆脱了患得患失的心境。只要我努力了，享受了拼搏的过程，便无愧于自己。就这样又过了两年，大三结束时我成功获得了保研名额，选择继续在北京理工大学读研。

大学的学习经历让我明白了自学的重要性，明白了自律是最难的，也是最关键的。虽然困难重重，但我通过自己的努力实现了自己的目标。我深知，目前学到的东西还是太少，之后有漫漫长路要走，但是我有这个信心可以坚持下去。

学生工作

学习固然是一名学生的本分，但新时代的大学生要全面发展。与人沟通交流、团结合作也是很重要的技能。在刚入学时，我就选择加入了学院学生会的外联部，希望能够提升自己与人沟通的能力，增长见识。可能有本身性格外向的加成，在学生会的成长很快。大二的时候很荣幸继任了外联部部长，同时也肩负起了带领学弟学妹的责任。第一次开展工作，我并不是很得心应手，再加上学校一些外在因素的限制，还是很遗憾没有给学弟学妹们最好的外联体验。

但回顾三年的学生会工作，依旧幸福满满。在这里有志同道合的同学，有并肩前行、合作互助的朋友。我们一起策划活动、办外场，一起商讨运动会开幕式的队形、做导弹的展板，一起去支教、做社会调查。正是学生会的工作经历让我相信团队的力量，让我在与人相处时可以坦然大方。

到了大学，大家对班级的认知也越来越模糊，除了上课在一个教室，其他的时间沟通很少。但我希望每位同学都能在班集体里找到一份归属感，这也是我想要的。所以在班级中我一直担任着班委，和其他班委一起精心组织每一次班级活动，提升大家的热情和对班级的认可。十分遗憾的是本应在大三结束暑假去外地的实习因为疫情原因没能实现，我们失去了一次重要的班级活动。但这个班已经在我心中留下了很多宝贵的回忆，毕业多年之后翻起照片回想，一定是幸福和怀念的。

社会实践

在校期间，我积极响应学校号召，热情投身社会实践和志愿服务，在社会中锻炼自己，在实践中提升自己。

2018年暑假，我参与"循校友足迹，传北理精神"社会实践，对北京理工大学的老校友进行了采访。在采访中深切感受到老一辈北理工人的"延安根，军工魂"，他们质朴善良，发光发热，积极为祖国做贡献。精神是需要传承的，上到五千年的民族精神，下到每一位北理工人"矢志军工，献身国防"的精神。擎起前人的炬火，如鲁迅先生所说："愿中国青年都摆脱冷气，只是向上走，不必听自暴自弃者流的话。能做事的做事，能发声的发声。有一分热，发一分光，就令萤火一般，也可以在黑暗里发一点光，不必等候炬火。此后如竟没有炬火：我便是唯一的光。"

2019年暑假，我加入学生会志愿团队，前往山西省方山县支教、志愿服务。第一次支教，面对小朋友，真是有些不知所措。这些调皮捣蛋的小朋友自然不会让我们省心，有打翻红墨水的，有在课上打架的，甚至还有拉裤子的，把我们搞得手忙脚乱。但他们同样也有天真可爱的一面，会在黑板上用粉笔写下我们的名字，会亲昵地坐在你的怀里，会因为一根冰棍开心得不得了。这些孩子中的优秀者可以获得到北京理工大学参加夏令营的机会。提到北京，他们的眼睛都放光。从他们向往的眼神中，我仿佛看到了年少时对更大世界的向往。

记得在结束支教的最后一天，我们在镇里的小路上遇到一个小朋友，他坐着家长的自行车与我们擦肩而过。我们都还没反应过来，那个小朋友冲着我们用稚嫩又热情的语气喊："老师！"听到"老师"这个称呼我先愣了一下，随即心里面涌起了甜甜的感觉。几天的支教，也许在我们眼里只是以大学生的身份来给小朋友上课，但在他们看来我们就是老师，是带给他们知识、快乐的老师，是严厉的、温柔的、体贴的老师。希望我们之后还会再相见，而那时我们都成为更好的自己。

  2020年的疫情影响了很多人的决定，也改变了很多人的人生轨迹。我深知自己是一个普通人，而我也享受普通人平淡又真实的生活。但行好事，莫问前程。毕业只是一个阶段的结束，人生仍在路上，仍要继续前行。由衷地感谢大学生活中帮助过我的每一个人。我相信，不仅是我自己的努力造就了今天的我，也是我周围的环境以及身边对我施以援手的人共同造就了今天的我。而对于未来，我希望自己能够继续乘风破浪，勇敢面对各种挑战，成为更好的自己。希望在几十年后回首青春，我心中无悔。

不忘初心助成长,砥砺前行再启航

光电学院 刘禹彤

大学四年,转瞬即逝。

北京理工大学承载了我四年的青春时光,见证了我从稚嫩走向成熟,培育了我在德、智、体、美各个方面的发展与成长。

回顾

大一初入大学校园,我还保留着高中的稚气和懵懂,对大学生活的一切充满着好奇。我开始摸索和尝试适合自己的学习方式和生活状态,这一过程充满了挑战。

大二生活丰富且充实。经过大一的摸索,我基本适应了大学的学习和生活,逐渐有了自己的节奏。因此,我开始在大二的课余时间参与学生工作,参加校内外活动,享受自己的大学时光。

大三的生活忙碌且紧张,这一年更多的是储备。参加院、校党课,通过了考察,我成为一名中共预备党员;努力学习专业课知识,认真准备考试,为推免保研打好基础。

大四带给我更多的是感悟与体会。在这一年,我开始思考生活表象背后的本质与道理,开始学会在生活琐事中总结,开始去体会生活的酸甜苦辣。同样这一年也是具有衔接意义的一年,在稳扎稳打为本科生活画上圆满句号的同时,为下一阶段的学业做好铺垫和准备。

收获

(一) 思想积极要求进步,政治思想品德优秀

在入学初,我在思想上就积极要求进步,希望提交入党申请书,但是由

于当时未满 18 岁，所以推迟了提交入党申请书的时间。在此期间，我参观了"砥砺奋进的五年"大型成就展，看到了我们国家在中国共产党的领导下，在科技、基础设施建设、文化、外交等各个方面发生的翻天覆地的变化。通过观看《厉害了我的国》等纪录片，我感受到中国制造的精神，感觉到身为一个中国人的骄傲和自豪。

通过思政课和党课的培训学习，我了解了中国共产党的党史。通过认真学习党的十九大精神及习近平新时代中国特色社会主义思想，以及党的路线、方针、政策，我深刻体会到了"没有中国共产党就没有新中国"，坚信在中国共产党的领导下，一定会实现中华民族的伟大复兴。

最终于 2020 年 11 月 28 日，我成为一名光荣的中共党员。作为一名中共党员，同时作为北京理工大学的一名学子，我一直以传承学校的红色基因为己任，努力学习，严格要求自己，在学习、工作中充分发挥党员的先锋模范作用，不忘初心、牢记使命，担负起责任和义务，励志为党为国家为人民做出更大贡献。

（二）努力学习科学知识，学习成绩名列前茅

从入学初，我就为自己定下了保研的目标，这也使我在大学四年的学习有了明确的努力方向。然而，大学四年的学习过程并不是一帆风顺的，是不断摸索、不断尝试、不断总结的过程。

在刚刚接触大学课程时，我对大学课程形式较为陌生，没有足够的经验和合适的学习方法应对。在大一的一年里，我不断摸索和总结学习方法，逐渐摸索出了适合自己的一套体系。在课堂上，我认真对待每一节课，尽可能在课上掌握更多的知识，缩短课下自学时间；在课下，我及时总结所学知识，对于不懂的问题，及时请教老师并与同学交流讨论。经过三年的稳扎稳打，在大四之初，我以综合排名第 12 名的成绩推免保研，获得了在本校继续读研深造的机会。

在大学期间，我共获一等奖学金 2 次、二等奖学金 5 次，连续三学年获"优秀学生"荣誉称号。

大学是一个充满包容的平台，它为每一个有创新想法的学生提供了实践的机会和条件。因此，我与同学集思广益，将想法投入实践，初步尝试和体验了科学研究的过程。在科研团队中，我积极与老师和同学探讨，寻找问题最佳解决方案。通过努力，我参与的两个"世纪杯"竞赛作品都取得了可观的成绩。其中"基于电磁感应原理的无线加热可控温式水杯底座"项目荣获

"世纪杯"校级三等奖,"高校'互联网+'服务现状调查与学生需求分析"项目获"世纪杯"校级三等奖。

在科研过程中,我体会到了科学研究的严谨性,也认识到了科研终将回归到实际,服务于生产生活。这也为我今后步入研究生的学习,进行真正意义上的科学研究奠定了基础。

(三)踏实开展学生工作,积极宣传正能量

大一入学,我加入了学院学生会宣传部,学会了排版、拍照、制作海报等技能。在这一年中,我们部内积极活跃的气氛一直感染着我,让我时刻充满正能量。

大二,我决定留任宣传部,将这份正能量继续发扬和传递下去。在制作宣传品时,我及时与其他部门交流沟通,保证制作的宣传品能够达到预期的宣传效果;在每周例会上,我通过分享自己学习和生活的经验为部员们解决学习生活上的困惑;在管理"BIT光电学生会"及"睿信书院学生会"公众号时,我能够把握正确的政治方向,撰写特刊文稿并发布活动推送。

在任职期间,我撰写了国庆特刊《从历史走来,向未来迈进》和宣传部期刊《新闻转播间》2篇稿件,制作推送27篇,共设计了8张海报和2套会服。我还2次参与制作《延河星火一分钟》视频,都取得了很好的宣传效果。在2019年,我被评为光电学院"网络先锋榜样"。这项荣誉是对我工作的认可和肯定。

通过这份工作,我学会了如何更好地与人沟通合作,这份工作经历也一直影响着我,让我在学习和生活中时刻保持乐观的心态,积极面对生活,传递正能量。

(四)积极参与各项活动,服务社会,感悟生活

大学的生活不只有学习和学生工作,在课余时间,我还积极参加各种文体和实践活动。

我逐渐认识到拥有一个强健的体魄,是学习和生活的基础。只有身体健康,才能有精力更好地投身到学习和科研当中。因此,在大学的四年里,我一直坚持锻炼。通过体育课程,我学习到了健康饮食与科学健身的知识,还接触到了功夫扇和普拉提两项运动。在2018年我参加首都高校武术比赛,取得了集体太极扇项目第一名。在课余时间,我经常去操场跑步,在锻炼身体的同时,释放压力,使自己保持良好的心态和精气神。除此之外,我还在课

余时间打乒乓球，发展自己的兴趣爱好。在 2019 年，我代表光电学院参加了"延河杯"校乒乓球赛，取得了团体第二名的好成绩。

凭借自己在音准方面的特长，在 2020 年，我加入了学院合唱联队，参加"一二·九"合唱比赛。经过一个月的紧张排练，最终合唱联队获得了三等奖的好成绩。比赛当天，站在舞台的中央，伴着灯光，唱响歌曲，这一刻将成为我大学时光中难忘的经历。

通过学校安排的社会实践，我有了更多接触社会、了解社会的机会，并为社会发展贡献自己的力量。2018 年暑假，我同社会实践团前往爨底下村，调研和探寻爨底下村乡村振兴发展之道，根据所观所感总结经验，为乡村振兴发展提供切实的建议。本次实践活动也获得光电学院第三届"扬光杯"暑期社会实践三等奖。除此之外，我连续四年参加"北理思源"计划，与高中母校的学弟学妹分享大学生活，为学弟学妹答疑解惑。社会实践活动让我感受到了自身的价值。

为了更好地实现个人价值，服务社会，我还积极参加各种志愿活动。2017 年参加赴京蓼学校支教活动；2018 年参与睿信书院迎新活动；2019 年参加光电学院萤火志愿者协会组织的回收旧衣物志愿服务活动，同年 9 月作为观众志愿者参与了国庆 70 周年活动；2020 年作为活动志愿者参与北京理工大学校庆系列活动。

（五）广泛阅读课外书籍，内外兼修，方得风清

作为一名理工科学生，在学习与研究过程中需要时刻保持理性严谨的思维逻辑。但是，在生活中具备的感性认识，有助于发现生活中的美，更有利于提升生活幸福感。

我一直坚持阅读各种课外书籍。俗话说"书中自有黄金屋"，通过读书能够让我了解到更多领域的知识。往往前人总结出的智慧和经验，能够帮助自己更快地认清问题的本质，更好地分析问题、解决问题，排解困惑。

党课学习期间，我阅读了《习近平的七年知青岁月》一书。习近平总书记在艰苦的环境下坚持阅读和学习的经历打动了我，让我更加珍惜眼前这来之不易的生活条件，也鼓舞我不惧困难、迎难而上，通过努力学习为国家和社会发展做出贡献。

利用寒暑假的时间，我阅读了东野圭吾的多本推理小说，小说中扑朔迷离的线索和事态发展吸引着我，让我在阅读的过程中寻找真相。作者缜密的逻辑和书中反转的剧情让我感受到严谨逻辑推理中的美感。

至今，我还保持着良好的阅读习惯。

感悟

通过大学生活的磨炼，我从懵懂少年成长为略有经历的成熟青年。

（一）转变态度，坦然应对变化

曾经的我希望事情是一成不变的，希望事情按照自己的安排和规划发展，让自己掌握绝对的主动权。但是事情总会发生转变，生活也总是充满着插曲。刚开始，面对变化，我会无措，会因为事情不受控制而感到慌张。但是随着我越来越多的经历，我逐渐发现，事情的发展和变化并不受我们主观主导和控制，我们能做的只有在发生变动时主动调整规划，积极解决问题。随着态度的转变，我在面对变化时也变得更加坦然，我将精力更多地放在解决问题上，而不是徒劳地紧张和焦虑。

（二）提升能力，冷静处理任务

在大学生活中一个人有多种角色，如党员、学生、学姐、部长，等等，每个角色都有不同的任务要完成。最开始，当我面对各项接踵而至的任务时，我会无措，希望自己快速完成任务，却不知从何开始。因此，我常常跟同学交流，学习处理各项任务的经验和技巧；也经常和父母沟通，听取和采纳他们的建议。逐渐地，当我面对繁多的任务时，第一想法不再是抱怨和着急，而是想办法一件件完成。现在，当我面对多项任务需要完成时，我会首先理清需要完成的任务，按照主次合理分配各项任务的时间，然后按照计划专心完成，逐项攻克。

（三）增长经验，高效团队合作

与高中的学习方式不同，大学中很多学习任务需要通过团队合作来完成。最开始，我并不适应这种学习方式，在作为组长带领团队完成任务时，常出现任务分配不下去、不能进行充分讨论等问题。因此，我经常请教其他组长，思考并摸索合理的合作模式，力求带动全组积极完成学习任务。在不断的尝试中，我逐渐理解了合作的本质。合作即是发挥各个组员的优势，在彼此建立信任的前提下，合理分配任务。团队合作要求每个组员积极承担责任，努力完成自己的工作。经过摸索和学习，我在大学后期的一些课程合作任务中都有了较好的合作体验。

（四）思想减负，自然沟通相处

在大学校园，我接触了形形色色的同学，也结交了很多朋友。在最初与新朋友沟通交流时，我总是顾虑很多，担心自己的沟通方式让对方感到不适。后来和身边的朋友谈及我的顾虑时发现，一直只是我自己考虑得太多。其实，每个人都有自己交流和沟通的方式，没有必要因为别人的某些看法或者自己的顾虑而轻易改变自己的方式。只要在沟通和交流的过程中保持自信的心态，自然地表明自己的想法，沟通就会变得简单很多。因此，在之后与别人沟通相处的过程中，我也逐渐消除了自己的顾虑。在大学期间，我结交了很多新朋友。

展望

大学四年的生活经历让我在各方面都收获满满，经过生活的磨炼，我的思想也逐渐成熟。

很有幸我研究生三年的时光也将在母校北京理工大学度过，希望我能够以一个崭新的面貌迎接研究生的生活，也希望我在研究生阶段能够更加独立自信，成长为自己想要成为的模样。

在最后，祝愿母校北京理工大学"特立潮头，开创未来"！

人间有味是清欢

信息与电子学院　王婧昕

进入夏季后，京城的雨逐渐频繁，哪怕沉心于反复调整毕业设计参数的单调任务中，也能明显察觉到风中逐渐染上的湿热。

白天的校园与初来乍到时似乎并未有什么不同，银杏与梧桐葳蕤的枝叶搭成屋瓦，为小动物和步履匆匆的学子提供荫凉，四号楼门前的垂枝碧桃花开花落，此时也只剩下一片碧色。这学期经常往返于这栋楼与教室之间，哪怕昨天与今天如同孪生兄弟般相似而平淡，也难免品味出些微的变化。阒静的夜晚，听着淅沥的雨声，才恍然发觉，那一点一滴落下的雨，如同大学时光渐行渐远的脚步。

诗酒趁年华

距离初入大学已经过去了近四年时光，可回忆起那时的场景依然恍如昨日。压抑冗长的高三伴随着战争一样兵荒马乱的高考而仓促收尾，抛下枷锁般层层缠绕的高中知识，突然觉得身上不真实的轻盈。完成高考这个目标后，还没有来得及规划好新的人生理想就被列车的鸣笛催促着走进校园。说到此处，我依然记得为我整理行李的父母忙碌的身影和眼中不舍的牵挂，记得在校车上遇到的两位热情介绍校园的学长（现在都已经研究生毕业），记得主动和我打招呼、一起领取校园卡的舍友，感谢他们陪伴我度过最初的茫然。

大一入学的军训并没有太多的压力，大概得益于我不会轻易因为身体的疲惫而退缩的性格。军训还快速拉近了我与同学院的女生们的距离，大家逐渐熟悉起来，会在休息的间隙交谈彼此的高中生活。我还记得带领我们训练的营长、连长与排长，他们都是北理工的国防生，初见时是一副严苛到不近人情的模样，但其实他们会尽量安排我们避开太阳最晒的时间训练，也会容忍我们疲倦至极时悄悄偷懒。军训时一天中午我被黄蜂蛰了手，连长还先替我垫付了校医院的费用。

军训结束后正式开始的学习生活我适应得很慢，没有了高中严格的作息和老师家长的督促，我对于大学的学习有些无所适从，起床忽早忽晚，预习和复习计划也常常搁置，所幸我还能够按时上课，完成课下作业，大一一年的学习成绩在中游浮动。

大一的时候，我选择加入学院的文艺部。每次的部门活动学长学姐都会用心安排，我在其中体验到了久违的放松与快乐。

叹隙中驹，石中火，梦中身

大二是明显转折点。大二上学期的时候接触到模拟电路、信号与系统等课程，愈加发觉自己对电信专业缺乏兴趣，陡然提升的课程难度使我不得不凌晨时仍在思索作业题目。我开始低落、抱怨，但没有退路能给我重新选择专业的机会。前方的路被蒙上漫漫大雾，我不知道沿着这条孤独的路走下去会到达什么样的终点，身边很多同学也处于这样的迷茫中。学到难以理解的知识时，宿舍的空气都浮动着一层暗沉的色彩，大家互相倾诉着每日琐碎的烦恼。

时间一丝不苟地流逝着。而那时的心境被封锁进荒诞的幻想文字中，对自己执拗的期望和现实平庸的生活带来的落差长期困扰着精神世界，有时觉得人生如江海上的孤舟漫无目的地漂泊，有时又觉得生命坠入石砌的高井，只有头顶一方窒息狭隘的天空。

此心安处是吾乡

大三上半学期，我选修了汉语诗词艺术欣赏课。脱傲老师带领大家阅读唐诗宋词，分享自创的诗歌，还编排小组合作表演诗词话剧。在逐字逐句的品读中，平日繁杂的思绪似乎和千年前极负盛名的文人产生共鸣，我渐渐觉得这些普遍的烦恼也不是什么难以跨越的沟壑。我和老师在微信上讨论一些文学上的见解与感悟，感谢老师给予我的开导。这门课上研读的字字句句，都是浸润我心灵的淙淙清溪。

除此之外，我的家人和身边的朋友们也积极排解我心中的迷惑彷徨。母亲曾安慰我："往者不可谏，来者犹可追。"过去的选择已经无法改变，又怎能任凭未来在自怨自艾间从指缝溜走呢？我抛却那些不切实际的缥缈理想，重新用客观的眼光审视自己，逐渐认识到自己并不如少年仲永般惊才绝艳，但依然有值得自信的闪光点。在朋友的鼓励下，我重拾学习的动力，每天和他们一起去教室自习，探讨新学的知识，互相帮助解答疑惑。在大三上半学期困难重重的学业任务中，朋友的陪伴让我坚持跋涉每一段泥泞与荆棘，我终于体会到学习时长久思索后顿悟的乐趣。大三报名的天线选修课上，李老师细致的课堂讲解让我渐渐对天线方向产生了兴致。

这段时间里，我的心态趋于稳定，开始认真规划人生方向，以平淡的眼光观察生活，发觉曾经以为至暗的分秒，其实都处处洒落着细碎的阳光。

人生如逆旅，我亦是行人

大四印象最深刻的经历就是考研。回忆起这段时间，竟讶异地觉得比大一的生活还要遥远。记得以前看过关于心理学的分析，大脑的自我保护机制会让人下意识地回避淡化痛苦的记忆。想来这段时间确实煎熬难耐，总体来看又如梦中花火一样猝不及防地结束了，初试与复试我都拼尽了全力，这算是我大学最执着的一段时光了。最终收获到录取通知书，心中一半觉得在意料之中，一半又由衷地庆幸。"有志者，事竟成，破釜沉舟，百二秦关终属楚；苦心人，天不负，卧薪尝胆，三千越甲可吞吴。"我感觉自己的成功离不开天时地利与人和，再次感谢在考研之路上同行的家人与朋友。

考研结束，毕业设计的大小繁复事宜迎面而来。在这段时间，我的导师对我要求十分严格，并没因为我本科知识较为薄弱而降低标准。为完成论文，我不仅要重新温习前几年学习过的与微波天线相关的知识，巩固 HFSS 的使用方法，还自学了 CAD、Origin、AD 等多种软件的使用方法。毕业设计的仿真过程，我遇到诸多困难，甚至连续一两周工作后发现方向是错的，但是我不会再像曾经那样陷入消沉。在这段时间，十分感谢同专业的学长学姐给予我的无私帮助，他们有自己的项目期限，也常常忙于学业和论文，却依然愿意抽出时间替我解决我的设计出现的问题，会耐心回答我提出的浅显的问题；与舍友的交谈也能纾解我的焦虑和苦恼。"贤师良友在其侧，诗书礼乐陈于前"，何其有幸！在近一年的彷徨后，我走上了自己期待的道路，虽然前途仍然充满未知，但是有理想做燃料、友人陪伴为火炬。历经挫折后，坚韧的心境是头顶遮风挡雨的伞沿，我相信自己的脚步会更加坚定沉稳。

写下这段文字时，恰闻吴、袁两位院士与世长辞，"桃李不言，下自成蹊"，他们都是凡人的身躯，但灵魂已如山岳般崇高。想到有那么多的仁人志士，践行着"鞠躬尽瘁，死而后已"的民族精神，而自己学识志气平庸如斯，甚至还在无意义的玩乐中挥霍过许多光阴，内心更加哀恸，哽咽难言。想起王勃在《滕王阁序》里的感慨："勃，三尺微命，一介书生。"我深知自己的能力在人才济济的校园中泯然人海，于整个社会、国家更是如沧海一粟。但是转念一想，哪怕是宇宙中的星辰都无法做到亘古不变地发出光明，人类所见证的历史也不过是一朝汐潮。但千万个时代过去，无数个如你我般的凡人一直在属于自己的位置书写着人生，人类的先驱者匆匆而过，后继者会从他们手中接过信念的火种，正如那些伟大的人，他们的人生如流星划过照亮一线天际，而后人在悼念中传承的意志会不断接替着照亮天空，所以又何必"哀吾生之须臾，羡长江之无穷"呢？

夫天地者，万物之逆旅也；光阴者，百代之过客也。人生是一场漫长的旅途，不为过往伤怀，不幻想缥缈的未来，每一刻的风景都值得珍视，因为我在路上。

我的大学四年

信息与电子学院　郝毅刚

匆匆四年转瞬即逝,四年前第一次踏入这个校园的场景仿佛就发生在昨日。在这四年中,我变化了许多,也成长了许多。闭上双眼,往事一幕幕浮现,我经历的大学四年,就像是四季,被染上了不同的颜色。

春

如果用一个词来形容大一,那就是青涩。初入大学,对于任何事情都是好奇的,新的校园、新的教室、新的宿舍、新的同学、新的生活。

(一) 校园生活

还记得大一刚开学的"百团大战"时,我加入了悦音原创音乐社团。而在信息与电子学院的学生组织迎新时,我加入了"世界树"。那个时候我很想尝试新鲜的事物,想要学习新的知识、技能,对未来生活充满希望。在"世界树",我认识了可亲可爱的学长学姐,参加了救助流浪猫狗的志愿活动,还带队参加过敬老院的志愿活动。总的来说,大一的生活在我整个大学四年中是最多样的,我尝试了许多不同的事物,有很多是我之前想都没有想过的。就像是生机盎然的春天,万物都在复苏,我从高中的应试教育中逐渐找回元气,开始接触这个比书本丰富得多的现实世界。

(二) 学习生活

大一上学期的我对于如何进行大学学习是摸不到头脑的,或者说,我不知道怎么学,也不知道为什么要这么学。我以为大学的学习就是像高中一样上课听讲,下课做作业。但是大学的课堂和中学时代的完全不同,老师不会一遍一遍地重复简单易懂的定义和概念,而是寥寥几句便讲完了一个复杂的公式。除此之外，课堂上多了喜欢的小说更新的章节，同学发来的游戏邀请，班级群的通知……第一学期的成绩自然是不尽如人意。大一下学期，虽然我还没有找到好的学习方法，但是我知道勤能补拙。也许我的学习效率不能一直维持在很高的状态，但是我一定要保证我状态最好的时候是在学习。大一下学期的我，起床，吃饭，上课，写作业，复习功课。大学的课程自然不可能都简单到一眼能看出答案，但是我做了一个至今都觉得庆幸的决定，无论时间多紧，哪怕我少玩一会儿，甚至不玩，我的每一份作业都要自己付出努力和汗水。遇到不会的问题，我会问同学，但是我绝对不会去抄别人的作业。大一下学期，我得到了满意的成绩。

夏

大二这一年，我退出了所有的学生组织和社团。虽然我从其中得到了快乐，但是我觉得学生组织并不适合我，我完全可以将相同的时间分配给其他活动从而得到更多的快乐。我在体育课选修了健美课，这门课为我打开了一扇新的大门。我几乎每天都会去健身房，经过一段时间的坚持，我第一次拥有了硬挺的胸肌，手臂的维度也有了显著提升。可以说在我人生20年的运动中，只有两次有这样的成就感，第一次是我高三每天坚持跑步最后减重20斤，第二次就是我经过自己的努力让自己获得了更好的身材。

大二上学期的学习生活一如既往，每天三点一线的生活，宿舍—教室—图书馆，单调中又带着充实。大概是在大二寒假我认识了现在的女友。她就像是向我大学平静生活中抛入的一颗石子，让我的生活泛起了片片涟漪，平淡中燃起了热烈的火花。已经习惯了生活的主旋律是学习的我其实对于这种变化是很不适应。往常的我，学累了就玩，玩一会儿接着学，但是当生活中有另一个人加入之后，就需要提前安排好自己的时间。往常每天泡在图书馆，看起来是勤奋，其实是一种偷懒的行为，我把自己限定在了几件事物之间，而不愿意去对生活中更多的元素进行规划。经过一段时间的摸索与磨合，我开始习惯在特定的时间更加集中地完成我的任务，而不是将原本不需要占用许多时间的任务分散在漫长的学习时间里。

秋

大三这一年，我印象最深刻的只有秋季。大三的冬天和学校联系在一起的只有短短的一霎，然后就是漫长的半年抗疫。那年秋天给我最强烈的感觉就是陌生。搬到了一个新的校区，一切都要从头开始熟悉，就连教室里桌椅的味道感觉都不像之前理教的让人心安。大二的我们，经常一起打球，我的舍友常常在宿舍打DOTA2，但是到了大三，这些我熟悉的场景都不见了。万幸的是，我遇到了一位很负责任的学业导师，她监督我，不让我止步不前。可以说，我整个大三的学习状态都大不如前，但是多亏了她，我才能一直前进。

大三更像是农忙的一年，同学们有的准备考研，有的准备保研，有的准备出国，都在这一年做出最后的努力。图书馆经常人满为患，教室也难觅一席之地。这一年，有大半年我们是在家里度过的，时间的分配上肯定会存在问题，这当然会有一些遗憾。最令我感到难过的是，由于疫情在家，饮食和运动之间的平衡被打破了，我的体重疯涨，直到现在都没有降回去。

冬

大四的我们静静等待着升学的、求职的喜讯。开展毕业设计，就像是对大学四年的学习交一份答卷。大四的学习与生活的分配还算合理，白天集中处理学习问题，晚上也可以空出时间来进行娱乐。毕业设计的进行也没有拖沓到每一个截止时间才开始拼命赶工。出国申请最终也得到还算满意的结果。总的来讲，大学四年我给自己交出了一份至少我自己能够满意的答卷。

四季

大一下学期德育开题到现在已经四年了，回想当时定下的目标，有的完成了，有的没能完成。如当时期望的一样，我在大学中培养了除了学习之外的兴趣。我不再像高中时两耳不闻窗外事，日常学习之余，我也会关注一下国内外热点事件，会思考一些关于国家未来发展的事情。以前的我，觉得理工科的男生不需要了解太多人文社科的知识，甚至以此为荣，但是现在回想起来，那时的我太过幼稚、无知。工科只是技术，就像枪支弹药在不同人的手中会迸发出不同的力量，也会包含不同的意义。作为一个完整的工科学生，我们要做的不光是弄懂知识，还要懂得为什么要学习这些知识。在技术发展的漫漫长途之中，国际关系、国内政策就像是一只无形的大手在默默推动这一切的发展。我前段时间了解到了中国的芯片产业并不是一直像现在这样落后于世界的。中国的微电子产业从20世纪50年代开始发展，甚至一度接近世界领先水平。但是在近十余年里，中国的微电子止步不前，最终被世界第一梯队抛下。

作为一名工科生，专心做学术研究是好的，但是不应该只看到眼前的东西，在这个校园之外有太多值得我们去在意的事情。经过大学四年的生活，我改变了许多，其中我感觉最重要的一点就是我认识到了自己是这个名为国家的巨大机器中的一员，每一个人的力量看似微小，但是对于我们的国家来说都是不可或缺的。

2020年的暑假，我开始跟随学业导师做一些研究，和她的研究生们一起开组会，一起看论文、讨论问题。这段经历对我来说十分宝贵，当真正进入实验室后才会知道自己之前所学知识的作用。在实际的使用中，最容易被卡壳的往往是在学习这门课时考试补考的点，也许看起来很容易，但是当真的进行研究时才发现这些细枝末节的地方可能才是最需要关注的。而当真正去应用知识的时候对于它们的理解也会更加深入，甚至不需要额外记忆也能很好地和别人描述出自己学到的内容。

我的本科生活很快就要结束了，在这四年里，我有很多收获，也有很多遗憾。我感谢北京理工大学给了我这个平台，让我能有机会去认识更多优秀的人。

刻刀划下的四年记忆
——刻骨铭心的青春岁月

自动化学院　温岳

白驹过隙，四年的青春岁月只剩下了回忆；似水流年，一段时光的成长憧憬着未来。不知不觉，猛然发现四年本科生活竟然已经接近尾声，一段刻骨铭心的年华即将落下帷幕。蓦然回首，四年的生活平平淡淡，但也丰富多彩。四年的点点滴滴已经无法记得一清二楚，但总有一些美好与遗憾挥之不去，如刀刻斧凿一般萦绕在心间。2017年8月20日，北理工、自动化开始成为我未来四年的关键词，一朵梦想的花开始在心底播种，等待发芽、开花、结果。四年过去，经历风吹雨打，经历辛苦灌溉，或许结出的果实并不是那么饱满可人，但是依旧让我爱不释手，而在这四年背后的成长更加值得珍惜。四年，经历了一些，懂得了一些，收获了一些，失去了一些，如今在毕业之际回望四年的生活，这段青春岁月将是一生中难以忘怀的烙印。

大一——从欣喜陷入迷茫

2017年8月20日，拉着重重的行李箱独自一人走下北京西站的火车，即将19岁的我第一次独自一人背井离乡，但是内心很喜悦，因为要迈入大学的殿堂。在火车站晕晕乎乎转了一会儿找到了北京理工大学的"大部队"，坐上了回校的校车。在学长的帮助下，我领了物资，进了宿舍，见到了室友。那天，很累，但更多的是激动，大学生活从此开始，走出了家人的庇护，走入了半个社会，已经成年快一年的我做好了准备去迎接崭新的人生。

经过紧张刺激的军训生活后，大学正式开始了。没有了高中时期那么多的条条框框，一切都变得那么不一样，甚至每节课的前后左右都是陌生的面孔；没有人逼着我去学习，对"挂科"同样没有任何概念。泰勒公式似乎很有意思，矩阵变换似乎和我印象中的数学有点不同……大学的学习和高中的学习有点不一样了。我突然间好像对学习的兴趣没有那么浓了，而各种纷至沓来的活动似乎对我更有吸引力。在新生晚会上表演了cups；接触到了排球，跟随班级获得了排球赛第一名；元旦晚会表演了一段不那么成功的独唱，还有一段小苹果的舞蹈；在志愿活动中感受到了环卫工人的辛苦。我学习的时间越来越短，更多的精力放到了学习之外的事情中。我独自一人骑着共享单车在北京逛了整整两天，在天安门看了升旗，在国博看了很多珍宝，在后海感受了人们闲暇时的热闹。大一上学期，很丰富，很欣喜。经过了考试周的洗礼，最终的成绩似乎还不错，81分的均分马马虎虎，综合测评赶上了三等奖的末班车。我感觉自己似乎已经参透了大学生活的真谛，感觉自己已经读懂了大学。

大一下学期似乎没有了那么多的活动，而这时的我没有了学习的动力，突然间产生了一丝迷茫。不知道自己究竟想要什么，为什么要努力学习，不那么努力似乎也可以，这时的我找不到了正确方向。这学期课程不多，但是我并没学懂，每天大部分的时间都是手机和电脑陪伴，自认为每门课在考前突击一下就没有什么问题了。这样的想法持续了一个学期后，终于在最后付出了代价，C语言挂科了。看到成绩之后整个人呆住了，再看看其他课程的成绩，没有一门是理想的，与上学期相差甚远，一丝后悔渐渐涌上心头。自以为读懂了大学的我竟然是那么无知，这时才明白了挂科究竟意味着什么。想想自己这一学期做的事情，迷茫、沉沦、甚至堕落。想起了之前辅导员的话：当你迷茫的时候就去学习。以前总听人说起大学生活很轻松，真正步入大学才发现这根本就是不对的。学习依然是大学的关键词，任何活动、任何娱乐只是大学时期的点缀，现在需要让一切重回正轨。

大二——我要做出改变

2018年秋天，进入了大二上学期，我决心认真学习，但是一段时间后才发现远没有想得那么简单。由于上学期基础没有打好，很多知识又有很大关联，所以很多课程学习起来很吃力。由于C语言没有学好，这学期的数据结构显得心有余而力不足，模电、概率论，甚至高中很喜欢的物理到如今的大学物理，同样显得力不从心，书本里的知识已经变得越来越陌生，以前学习的动力似乎已经飞去九霄云外，以前学习的方法也显得苍白无力。在心力交瘁中我甚至想要放弃，感觉自己的大学生活已经无法再拯救。偶然一个机会，一个同学邀请我一起参加一个智能车的比赛改变了我。当时的我想要拒绝

——自己没有这方面的能力，去了也只会丢人现眼，但是经不住别人的邀请和"新事物"的诱惑，最终一起加入了队伍。不出所料的是，对智能车一窍不通，虽然只是一些简单的连线，虽然用的是比较简单的单片机，但对我来说简直如同烫手山芋，最终队友们请来了一位"大神"来帮助我们。看着他娴熟地编写程序，对小车做着一些看不懂的调试和操作，那一刻，有点嫉妒，为什么同样学习了一年多的时间，别人可以知道这么多，可以会这么多，再看看自己甚至是"一事无成"。最后在别人的帮助下，我们获得了二等奖的好成绩，这是我大学参加的第一次科技竞赛，它的规模不是很大，内容也比较简单，但是这次比赛打开了我新的大门。在自动化学院一年多，这时才知道了一点点自己应该做什么，作为一个自动化新人应该去了解什么。大一已经过去，不能陷在以前的时光，要把握当下，做出改变。

到了大二的下学期，我以一个崭新的姿态面对良乡生活的最后一学期。那个学期，课程不是很多，但是每门课我都以最认真的态度去对待，尽可能搞懂每一个知识点。减少了玩手机的时间，参加了大大小小的比赛。在上学期的基础上，这学期参加了平衡车比赛，同样的队友，同样的软件，但这一次，没有请别人帮助，查找了许多资料，进行了大量的调试，最终获得了三等奖。或许成绩不是那么突出，但是这次完完全全靠自己的努力，我开心极了，我真正开始对自己感到一丝满意。之后参加了"屠龙勇士"智能车竞赛，获得三等奖，在参与的过程中，我收获了不少的知识，开阔了视野。这个学期，我的均分成绩回升到了 86 分，获得了一次进步奖学金。我重新回到了正轨，尽管此时和别人还有不少的差距，但我相信之后的我会更加努力。

大三——对自己的突破

转眼间良乡的生活画上了句号，暑假期间顺利"进村"，并且换了新的室友，他们都十分优秀，不仅成绩名列前茅，并且在其他方面都非常突出，这也更让我认识到自己的不足。大三上学期课程任务十分繁重，大量的实验，紧凑的课程，但是此时的我没有之前那么慌乱，起码我知道我在努力，不管是听课的效率还是课后作业的完成，都有了很大的进步。面对这学期很多"硬核课程"，我没有松懈，尽力去搞懂每一个知识点，尽管有一些知识学起来很吃力，但是我不会去逃避。在 2019 年计算机博弈竞赛中，我获得了亚马逊棋组的三等奖，这是我第一次参加国家级的比赛。之后又参加了"恩智浦"智能车竞赛校赛选拔，这是我在大学生活中最难忘的一次竞赛。从一开始的培训到电路板的焊接,再到程序编写,从简单的车模到整车的组装调试,再到赛前的通宵调试,虽然很累,但是整体效果有了很大的改进。我们自信满满,认为可以有很大概率冲出校赛选拔,获得华北赛资格。然而天不遂人愿,比赛时驱动板出现了问题,我们只能勉强完成比赛,最终与华北赛资格失之交臂。半个学期的努力付之东流,那一刻心情跌倒了谷底,信心受到了极大的打击,可是沉静下来后想想,这都是前进道路上的阻碍,每一次失败都是一次经验。这学期最终的综合排名我第一次进入前五十。只要努力什么时候都不会晚。大三,我实现了突破,完成了救赎,获得一次全新的蜕变。

2020年,新冠疫情突发,我们只能在家学习,没有了上课争抢座位的氛围,没有了自习室翻书写字的声响,突然间一切变得那么不自然。这时的我猛然想到了未来何去何从,犹豫不决中和家人谈心,最终决定考研。虽然自高考之后再没有经历过选拔考试,也不知道自己能不能回到从前苦学的状态,但是总要为自己的本科作一个交代。大三下学期,开始着手进行复习。数学知识几乎已经忘得一丝不剩,英语又是我的短板,在刚开始复习的一段时间,十分痛苦,没有老师带领,只能自己摸索前进,几乎所有的知识需要重新学习,但是既然选择了这条路,就要坚持把它走完。

大四——我的未来不是梦

2020年9月2日,终于又回到了阔别七个多月的校园,家里考研复习实在没有学校里的氛围和状态,做了一些习题,记了许多笔记,但是总感觉距离考研的水准还有很大差距。回到了学校,回到了熟悉的教学楼,课程也没有之前那么紧张了,在上课之余我几乎把全部精力都用到了考研上。回到学校的我终于找到了状态,每天宿舍、图书馆、食堂三点一线,词汇每天都有所长进,真题做得越来越顺手,数学搞懂了不少,似乎可以独自完成一些题目。在紧张的复习之余,我还挤出时间参加了自动化学院的60周年院庆活动。在之后的复习中,也有情绪波动,有时志在必得,有时自暴自弃,还好那段时间有室友对我的鼓励,在闲暇之余还能开个玩笑放松心情,帮助我熬过那段最艰苦的时光。在起早贪黑的一学期后,12月26日我走进了考研的考场,内心泛起一丝波澜,我告诉自己:尽力就好。

考研后的生活渐渐放松下来,完成了本科期间所有的课程,随着毕业设计的到来,"毕业"这个让人有些兴奋又有些害怕的词终于渐渐浮现在脑海。本科的最后一学期就这样毫无征兆地到来了。拿到了自己的毕业设计题目,脑中一片空白，独自一个人完成这么大一个任务，我能做到吗？与此同时，考研初试成绩公布，353分，有些失落。但是我还是幸运地进入了复试，得到复试消息的一周时间，匆忙地进行了准备，复试有惊无险，最终，我成功地加入了模式识别方向专硕的拟录取名单，那一刻的心情五味杂陈！短暂的喜悦过后重回毕业设计的轨道中，面对这样一个巨大的任务，编程能力实在不怎么样的我有些畏手畏脚，幸运的是有导师和学长的帮助。在做毕业设计过程中，学长一直在鼓励我前进，尽可能帮助我解决一些问题，提出一些建议。尽管中途遇到了很多困难，但是最终看到无人机从起点能够到达终点时，我十分欣喜。每一个大困难都是由一些小困难组成的，解决每一个小困难就能解决这一个大困难。6月6日，在完成毕业答辩之后，我的本科生活也即将画上句号。这是不美满的四年，而正因它不美满也变得更圆满。四年，有快乐，有悲伤，有骄傲，有遗憾，有高峰，有低谷，有进步，有堕落，而最重要的是有成长。高中之前的我一直顺风顺水，大学之后的我才真正经历过了低谷，很幸运，我没有一直沉沦，我从低谷中走了出来，继续向着梦的方向追寻。未来掌握在自己手中，我的未来不会是一场梦。从梦想回到现实，在现实中耕耘梦想，未来的路，一步一个脚印。

  本科即将成为过去式，研究生已经成为将来时。总结过去但不能陷入过去，憧憬未来但不能幻想未来。本科的轨迹，取精去粕地回溯；研究生的路，脚踏实地地走好。北理工的四年，成长的四年；未来北理工的三年，期待的三年。未来或许荆棘密布，我亦勇往直前，既然选择了远方，便只顾风雨兼程。

路在脚下

计算机学院　王昊

时光荏苒，大学四年时光一晃而过，仿佛军训就在昨天刚发生过一样。毕业设计都已上交妥当，还有五天就要迎来人生第一次重大答辩，心里说不出的激动。回首四年，一路收获颇丰。

大学记忆

大一军训的时候作为连队的扛旗手，每次早操都要扛着很沉的旗子跑步，每天都要顶着炎炎烈日在操场上喊着口号。即使这样，还是结识了很多志同道合的伙伴。

为了积极体验大学生活，我报了很多学生组织，北理社联、延河之星志愿者总队、红幕布音乐剧社……

高考填志愿的时候没有多想，就报了计算机专业，上了大学才发现和别人在起跑线上就已经拉开很大差距了，有的人小学就开始打 ACM 比赛，有的人中学就已经自己编写软件。而我呢，好像从小学开始就沉迷网游，一直到高中。庆幸的是，我现在已经完全对游戏丧失兴趣，有了更多时间去做自己想做的事情。当时第一次打开 Dev C 的界面时，整个人都呆滞了，任何一个代码错误我都无法独立解决，好在有神通广大的懋懋同学，耐心帮我解决了大部分编程问题。感谢当时所有帮助过我的朋友，在那段日子里有很多彩色的回忆。

大一很快就过去了，惊喜地发现我的成绩还不错，于是给自己立下了保研的目标。在熟悉了大学学习的节奏后，我每天上课记笔记，课后认真完成作业，考试前认真复习。人无远虑，必有近忧，虽然成绩不是很让我费心，但毕业后的人生规划一直困扰着我。因为实验室的选择会大概率决定以后的发展方向。开发还是算法？我有点无法选择，最后我考虑到没有其他人基础那么好，就选择了竞争没那么激烈的开发方向，因此系统的编码贯穿了大二、大三。尽管我现在已经不再进行开发方向的学习，但当时在移动政务度过的那一年仍然对我的代码能力有很大提高，感谢当时所有帮助过我的学长们，他们算是我编程学习道路上的重要导师之一。

大二的时候，我没有在任何一个学生组织留任，可能是觉得自己不喜欢这类事情吧，并且自己也一直挺迷茫。但好在，迷茫的同时没有放弃学业，最后成功获得了保研资格。除此之外，学校的一些选修课还是蛮有意思的，比如轮滑课、英语的外教课，在学习之外，我结识了很多有趣的人。

参与国庆70周年服务保障是我大学记得最清的事情，从前一天凌晨2点一直工作到第二天早晨6点，连续28小时不间断工作，最终顺利完成任务。搬了数不过来的箱子，装了不知道多少束手捧花，最后累倒在纸箱里。可以说，我从另一个角度见过了凌晨的天安门，为祖国的生日献上了我不一样的祝福。

在大三结束的暑假，我没有多想就申请加入了刘驰老师的实验室，虽然已经干了很久的开发工作，但我不想反复写代码，因此决定跳出舒适区。事实证明，当时的决定无比正确。大三的那个暑假，我面对着从未接触过的学习方向发愁：看不懂的数学公式，读不完的英文文献，开不完的组会……我不停问自己，我的选择对吗？但我咬牙坚持了下来，也在暑假之后投出了第一篇带有自己名字的论文。从对比实验的设计到理论下限的证明，我认识到完成一篇论文是需要耗费大量时间的。同时，学长不断地劝退，学不完的数学公式、不好就业的算法方向，让我一度十分痛苦渺茫。

大四寒假，因为要赶KDD会议的ddl，整个三号宿舍楼最后就剩我和因为疫情没法回家过年的同学。那段时间我每天在实验室和宿舍两点一线，我似乎已经忘却了周围的世界，不断根据老师意见修改论文，做实验，修改图表……很感谢我的导师，一直耐心地指导我，不断鼓励我。也感谢那时候的小伙伴，在我坚持不下去的时候陪伴我，开导我。好在这一切都有了回报，人生中第一次投论文便被录用，更何况还是数据挖掘方向的顶级会议KDD。后来我开始坚持去健身房锻炼，用汗水给自己"洗脑"。愈发感觉健身和做科研一样，都是一件反馈循环时间较久的事情，但只要坚持下去，就一定会有很大的收获，这也是我在毕业前难得能认识到的一点。

青春感悟

年轻不要怕走弯路，只要一直努力，就会调整到正确的方向。每一段故事都是宝贵的人生经验。一路走来,以下几点是我觉得最应重视的部分。

- 心态要健康。良好的心态是做好任何事情的基石。遇到人生起伏很正常,如果我们被困难吓倒了,那便再没有机会翻身重来。不要焦虑,相信一切都是最好的安排,也不要传播焦虑给他人。
- 计划要明确。不论是短期目标,还是长期规划,合理的目标规划可以事半功倍。坚持每天睡前制订第二天日程计划,合理利用碎片化时间。
- 目标要坚持。一万小时的锤炼是任何人从平凡变成大师的必要条件。不管任何事情,要想做好,都需要付出异于常人的努力。无论是科研还是健身,都请务必坚持下去。
- 事业要热爱。兴趣是最大的动力,这也将是漫漫科研路上唯一的加油站。幸运的是,我选择的领域正是我感兴趣的,我因此有了源源不断的动力。相信我会在科研这条路上一直坚持并热爱下去。

人生志向

既然选择了远方,便只顾风雨兼程。我已经决定在深度强化学习领域深耕细作,接下来便是尽全力做好自己能做的每一件事:打好数学基础,练好英语口语……在世界舞台上展现北理工人的风采。希望有一天,我可以靠自己的努力,拿下全奖留学申请,瞄准世界前沿科学技术,学有所成之后回到祖国,服务国家战略需求,将所学之技奉献到家国事业中。希望我能坚持健身的习惯。良好的身体素质是一切的根基,如果没有好身体,何谈回馈社会?希望能遇到更多志同道合的朋友,在各自人生低谷的时候能够互相搀扶一把,一起走向更大的世界。

"德以明理,学以精工"的北理工校训已深深融入我的血液。作为一名北理工人,希望自己能够像老一辈的北理工人一样,成为"胸怀壮志、明德精工、创新包容、时代担当"的领军领导人才。

书到用时方恨少,在写这篇总结的时候,深感自己大学四年有很多不足。人生就是一个不断学习、不断寻找自我的过程,以后遇到的无论坎坷还是苦难,都希望自己能积极去面对,找到真正热爱的事情并努力坚持下去。希望自己能不负导师的教诲与朋友们的帮助,继续在自己选择的道路上勇往直前。正如论文答辩中所说的一样:"秉承着勇攀高峰、敢为人先、追求真理、严谨治学的科学家精神,为母校计算机学科与人工智能'卡脖子'关键技术贡献自己的力量!敢问路在何方?路在脚下。"

风物长宜放眼量

计算机学院　杨福浩

大学四年,倏忽之间,如白驹过隙。现至毕业之时,正如一次远足或一次旅行,当站在终点体会一路走来的风景和荆棘时,顿生绵绵感慨。这段旅程,让我从一个懵懂无知的高三少年蜕变为现在学有所获以至心怀理想与热情的青年,这其中点点滴滴,值得细细品味,以告自己,以慰过去,以勉未来。

在大一报到的第一天,班内举行了大学生活中的第一场班会。在班会上,班主任贾云得老师在黑板上写下了两行字:"树立远大理想,承担社会责任。"这两句话成为我大学四年,甚至整个人生都在追求的目标,激励着我不断变成更好的自己。也正是这两句话让我每每陷入彷徨和迷茫时,内心都能有最本初的坚持和守护的信念。

戒骄戒躁

在大一上学期,我继续保持高中的学习状态,亦步亦趋跟着老师的课堂认真学习,取得了一个还算不错的成绩,虽然向上的一等奖、国家奖触不可及,但是足够保研参考。或许是自我感觉"良好",我在大一下学期开始逐渐"放肆"起来,不论是大类通识课还是一些专业课,我都浅尝辄止、不求甚解。上学期兢兢业业的姿态也消磨殆尽,以"这学期没有真正的计算机专业课"为自己的挡箭牌,我轻视了像高数、离散数学等这些在现在看起来相当重要的课程。这样的浮躁心态完全反映在一落千丈的成绩上。

大一上学期,我主动竞选了班级团支书,并组织班级同学们学习党的十九大精神、开展主题团日活动等。通过开展这些活动,我学会了如何更高效地组织活动,并处理多方面的冲突和矛盾。此外,通过与学院党委书记进行"师生共计"座谈活动,我们提出的很多意见和建议也都得到了书记的肯定。

大一班级团支部书记的工作经历成为我日后的宝贵经验。

大一，我加入了北理瞭望影视中心。这一年的学生工作中，我学到了很多。从最开始对学生组织一无所知的小部员，到影像部的部长，北理瞭望给了我很多大学生活中难忘的经历。在军摄组中，我们带着大一新生完成军训影像的整理和推送，熬夜制作军摄组特别报道和特色视频，虽然无比辛苦，但回味无穷。而后的毕业季MV拍摄、新生典礼拍摄等太多活动也让我学到了很多。

在大一下学期专业分流时，我加入了计算机科学专业的卓越班，顾名思义，班内同学高手如云，大家都以"×神""×皇"相称，"大神们"也都乐于助人，对我们这些"菜鸡"倾囊相授。在课程学习和考前复习时，同学们都会讨论交流和分享资料，我受益良多。和班级同学组队一起完成大作业的经历也让我收获颇丰。他们身上有太多闪耀的品质值得我去学习。现在回想起来，加入卓越班、认识这些优秀的同学着实让我在大学四年里面少走了太多的弯路，见识了太多外面的世界。

知耻而后勇

在大二上学期，年级群中公布了大一学年的成绩，我并没有太大的波动，因为早已是意料之中。痛定思痛，知耻而后勇！我开始踏踏实实上好每一节课，完成每一次作业，及时解决每一个问题，并且学会放平心态，不再考虑名次和结果，只为不负每一天。我的生活逐渐规律起来，甚至研究了图书馆的研讨室预约系统，摸清了图书馆每层研讨室预约的规则与特点。每天在图书馆"捡漏"别人预约但没签到的研讨室也成了我没课时的一大乐趣所在。在课余时间，对于课本中的每道例题我都用心去看，用心去做，分析背后的思想和出题角度，并对作业中的题目不断巩固。在考前我制订了科学的复习计划，在考试中我也是尽自己所能做好每一道题。最后大二上学期的成绩并未负我的努力和付出。也是在这学期，我接触到了数据结构等专业课程，我开始对计算机科学有比较深入的学习和研究。

大二下学期，我参加了连山管控程序设计竞赛。我和另外两位同学齐心协力，各发挥专长，最后取得了二等奖的成绩，这是我第一次通过自己的努力获得竞赛奖项，我体验到了从未有过的喜悦与成就感。在这个学期中，网络与通信让我对计算机网络有了基本认识，知识工程和最优化方法让我对人工智能有了认识和了解。

在大三这一年，我开始考虑未来的规划，除了推免之外，我萌生了就业的想法。我关注计算机各个领域和职位的就业发展状况，多渠道获取求职信息和招聘资源。同时我也在思考自己的职业规划，思考自己将来拓宽的可能性，并且尝试做各种准备，包括专业知识和相关实习经历。我从憧憬舒适象牙塔生活的做题家变成一个对未来有规划、有想法的青年。我们大多数人不会在象牙塔里待一辈子，最终都是要去面对就业的压力以及生活的压力。只有打下坚实的基础，才能在未来信心满满追求梦想。

大三下学期的计算机网络、汇编语言等课程对于就业来说比较重要。尽管在疫情期间，线上授课与之前我们的教育模式大相径庭，但我还是认真学习。疫情期间，我静下心来在家思考了对家人的关心、对未来的规划，这也算是一种收获吧。

风物长宜放眼量

在疫情结束回到学校后，我拿到了推免的资格，当时的我也迷茫和彷徨过。我的大学生活应该怎样结束？我的研究生生活应该怎么开始？毕业设计、最后的答辩是什么样的？而到现在经历过后才发现这些并没有想象中那么困难和复杂，而这其中的过程才是让我收获最多的。在独立完成毕业设计的过程中，我真正掌握了一个复杂神经网络的搭建过程，高效规划了数据处理、训练和验证等细枝末节却又不得不做的步骤。在模型真正能运行起来、得到结果的时候，那种成就感是大学四年的任何大作业或者项目未曾有过的。

回首大学四年时光，能写在简历上的有许多，但往往都不如其背后的复杂经历与漫长坎坷更有意义。这些经历让我懂得如何协调同学、组织活动和开展工作；这些经历让我懂得如何了解未知的领域、学习生疏的知识；这些经历让我懂得如何更有效率地与他人合作、共同攻克难关，完成一个人不可能完成的任务；这些经历让我懂得了做人与做事的道理。在大学的时光中，无论是与班主任每学期的交谈，还是与其他同学的日常交流，抑或是与同学的合作与共事，都让我觉得自己在接触一种全新的观点，一种看世界的角度，一种他人在积累沉淀后的富含价值的思想。我想一个人的成长过程也不外乎如此吧！

总的来说，大学给我的一个重要经验便是"风物长宜放眼量"。当我们抱怨眼前琐事、诸多不满时，不妨看看远方目标，想想理想所在，就可超越情绪化、琐碎化的局限；当我们困扰当下纷争、陷入纠葛时，不妨丈量大势所需，考量时代所盼，就可超越私利化、局部化的狭隘。只有看重全程才能不拘泥于当下，只有高瞻远瞩才能不畏浮云遮望眼，而步步算计、亦步亦趋往往导致步履维艰。"得其大者可以兼其小"，放眼量、得其大！

不枉青春年少炙热的火

材料学院　金枭雨

大学时光仿佛是一首歌，每一个高音音符和低音音符都或许代表着某一时刻的愉悦和沮丧。也正是这些高低音的交错，谱写出了我独一无二的一首美妙的歌。时间的歌用青春落款，大学四年时光匆匆流逝。过去的四年，是快乐的，是辛苦的，同时也是值得回忆的。

说来有趣，在高考查分翻看志愿填报指南之前，我从来没有听人提起过北理工这个名字。或许是地域差距较远，又或者是高考生信息获取滞后。总之，我阴差阳错地以北京理工大学四川省本科一批最低录取分数线进入了材料学院。还记得刚入学时，辅导员让我们分享自己对未来的期许，我说："希望北理工能够一步步成长为扬名中外、实力雄厚的最顶尖学府，自己也能一起成为一个了不起的人。"和小时候想成为科学家的梦想一样，自己许下的期望总是那么遥不可及。但也可能正是这句话给我的心理暗示，我在整个大学期间不断地突破自己，创造新的自己，追自己的梦，做自己的对手，在成绩单上留下了完美的记录。

四年回忆录

（一）混沌中不断探索的大一

大一刚进入学校的我，很迷茫。对于未来也只是一些捕风捉影的幻想，关于专业更是了解颇少。由于两校区的地域分割，我所能接触到最多的也只是大二的学长学姐，交流起专业相关发展，也只能"菜鸡互啄"。所以，没有了家长的督促，没有了高中班主任的教导，在大学里，我只能独自不断探索。我尝试着融入新的班集体，加入橄榄枝志愿者协会，加入老乡会。但是，一个人总要走一些陌生的路，看陌生的人，听陌生的歌。绝大多数时候,我总是一个人待在教室。在那里我不一定一直在学习,只是不愿回到寝室,让自己沉沦在"安逸"中。渐渐地,我养成了一天只出一次寝室,只回一次寝室的习惯。也正是如此,让我在课程安排相对较少的大一上学期,取得了一个相对不错的成绩。尝到了甜头的我,开始不断对自己有了新的目标。

(二)忙碌中不断突破的大二

大一结束,我取得了均分专业第一的成绩。我开始对保研有了一丝丝期许。但与此同时,我留任了橄榄枝志愿者协会,开始了忙碌的学生工作。也正是这一年,多线程的学习和工作使我有时候感到顾此失彼,但与此同时我慢慢找到了对我来说大学生活的乐趣和意义。我不希望自己大学四年单纯做一个"学习好的孩子",我希望自己能够拥有更加丰富多彩的标签。于是,我开始参加各种竞赛和活动。对数学有着浓厚兴趣的我,不仅牢固掌握课程要求的基础知识,还不断深入学习数学建模相关理论。在校数学竞赛、全国数学竞赛、数学建模竞赛中取得了不错的成绩,我收获了全国大学生数学建模竞赛北京市一等奖、第十一届全国大学生数学竞赛(非数学类)二等奖、北京市第三十届大学生数学竞赛(理工类甲组)二等奖、北京理工大学2019年数学建模校赛二等奖和2017年度校微积分竞赛二等奖。我多次参加大创,进入实验室学习实验操作,在实践当中应用自己学到的理论知识。我还跟随学长进行了"钙钛矿氧化锡涂层"的相关研究,其成果获得了"世纪杯"二等奖和"挑战杯"北京市二等奖。

(三)思考中不断坚定的大三

2020年,一场突如其来的新冠疫情打乱了正常生活。刚搬来中关村校区小半年还尚未接触科研的我,因为疫情的关系,只能待在家里线上学习。也正是这个学期,我面临着一个重要的抉择——保研去向。如果要用一个词来总结大三下学期的话,我只能说"矛盾"。一方面,我认为如果在尚未充分了解科研的情况下贸然接受直博,是一种非常不成熟的决定,这将直接影响自己5~6年的命运;一方面,我又受到所谓"名校"的诱惑,希望自己能够有所改变。我反复斟酌,与不同的学长学姐聊天,通过别人的经历,完善自己的未来规划。这份纠结甚至持续到了我的第一个夏令营面试前几天。最后,我下定决心放弃了所有夏令营入营资格,选择先在本校攻读硕士学位,充分经历后再确定未来方向。在这里我想说,路是自己的,未来也是自己的，不一味地按着别人认为的路走，是我大学四年做的最重要的决定。

（四）释然中不断前行的大四

在做出保研决定后，我慢慢地释然了，注意力不再单纯关注在绩点、成就上，开始有更多的时间思考自己的未来。我开始慢慢地深入接触科研，了解自己的专业，对自己的未来有了清晰的规划。我将带着满腹的学识踏上崭新的征途，翻开崭新的篇章。

经验分享

（一）要有自己的生活、学习节奏

大学不同于高中。在高中，每一天从头到尾被课表安排得满满当当。老师和家长也会不停地督促和监督，你只需要在指定的时间完成指定的事即可。在大学，课程的安排相对比较分散，走班制上课导致课堂上老师约束程度几乎趋于零，并且一般情况下学校也不会统一组织强制性的早晚自习，这使得大学的学习绝大部分依赖自身控制力。除了学业以外，开会、活动、娱乐活动等一件件小事会把一天时间分成一块块碎片。

在一个时间碎片化的时代，如何有自己的生活、学习节奏，如何利用好碎片化的时间是值得大家学习的。例如，在早上上课前几分钟，你可以大致浏览回顾上节课内容；在午觉清醒后，你可以利用这段时间处理作业；晚上的课后一个多小时，你也可以用来学习巩固。

除此之外，大家对近期的生活学习和工作还应该有着一定的短期规划。只有条理的规划，才能保证各项任务有条不紊地完成。

（二）要正确看待竞争

在这个无时无刻不存在竞争的时代，我们不应该逃避竞争，应该要正确看待，以正面的态度对待竞争。竞争并不可怕，可怕的是害人害己的恶性竞争。在生活、学习和工作中，我们更多需要关注的是自身的发展，这是逃离"恶性内卷"的一种方式。当你不再去关注别人什么时候在学习，当你不再关心别人所谓报告写了多少字，当你不再关心别人复习到哪，当你认为自己所做的一切都是提升自己的时候，你就逃离了恶性竞争。

总的来说，我们应该更多地专注自己，更多地提升自己。

（三）要认真刻苦学习

对于一些基础课程，例如大学物理，取得好成绩不仅需要上课认真听课，下课完成布置的作业，还需要你利用部分课余时间进行扩展式学习；对于专业课程，在烦琐记忆的同时，最重要的是要明白这些知识的用途是什么。总之，切忌课堂上无脑记笔记，感动得了自己，感动不了分数。

专注学校课堂学习的同时，我们还可以充分利用网络科技时代带给我们的便利。当你对某一知识点理解不到位，想要重温课堂内容时，我们可以登录北理"延河课堂"查看录播视频；当你想要学习更多知识的时候，MOOC、Bilibili、Coursera等线上学习网站也能极大地满足你的需求。

考前复习时，在自己全部过一遍之后，我比较喜欢和同学进行提问式复习，即通过别人的提问或者互相抽问来复习知识点。在良好的学习习惯和全面的考前复习共同帮助下，我们就能取得一个不错的成绩。

总结

于汹涌中翻滚磨炼，于宁静中沉淀积累，任时光流逝而其志不改。以大海般的胸怀去感悟平凡的生活，接纳其点点滴滴。

首先，我要感谢那个在每个日夜奋斗过的自己。相册里的每一张照片，都记录着我大学成长的每一个时刻。我从初入北理工的懵懂无知到现在敢于表达自己，大学四年里我成长为完全不一样的自己。

其次，感谢我的家人，在我求学期间给予我精神和物质上的支持；感谢吴锋老师、陈人杰老师、黄永鑫老师为我毕业设计提供良好条件。感谢我的辅导员滕飞老师、禹世杰老师，感谢我的班主任黄擎老师，感谢材料学院学工办的孙秋红老师、李森老师、葛幸老师、刘晓雪老师、历凌霄老师、邢飞老师，感谢能源与环境材料系所有老师们。感谢王紫恒师兄、孟倩倩师姐、赵逸师姐、李成师兄、胡昕师兄、官敏榕师姐、张壹心师兄、张蒙蒙师姐以及实验室其他师兄师姐为我的实验提供的支持和帮助。感谢"比奇堡"的杨飞洋、徐东锐、李一凡、王靖宇、成媛媛，在我大学时光里和我一起携手经历所有酸甜苦辣，见证彼此的欢笑与泪水；感谢我的室友张锴、宋志航和张爽包容我的不足，在生活中给予我帮助；感谢同届的康铠、赵泽、彭浩宇、唐睿、赖俊杭、桂博顺、李杭轩、杨漾、李致远、吕泽凯等在平日学习和科研中相互扶持，帮助我走出实验失败的阴霾；感谢我的高中同学张炜尔、孙梓云、李木子等，在平日里分享彼此的日常，相互扶持实现梦想。

　　写给时光的信都用青春落款，从一个盛夏到另一个盛夏，我仿佛正如我名字所寄予的期望一般，乘着风破一片一片的浪。

　　明天依然少年，这个时代会因我而特别。

一切都是最好的安排

管理与经济学院 吴亭宣

时光荏苒，白驹过隙，一眨眼就走到了大学生活的终点。耳机里放着"盛夏总是热烈而明亮，你也要奔赴更好的远方"，触发颇多感慨。感谢德育答辩给了我一个安静思考自己成长的机会，写下自己的大学记忆、青春感悟以及人生志向。田村正和的一句话很适合眼下："人生太过复杂，我也不是万事明了，能送给你的只有四个字'好好感受'。"

大学记忆

（一）丰富多彩的大一

2021年的高考就要到来，不由得想起四年前自己在午后阳光下刷着一套又一套试卷的场景，疲惫时走到教室前边打一杯水，等待水接满水杯的时候，看着空气中的灰尘放空自己，就是短暂的休息。最后高考正常发挥，强势的语文和英语科目得到了高分，相对的数学与理科综合的分数有一些不尽人意。老实说，在收到录取通知书之前，我从来没有想过自己会来到这样一所大学，其他的志愿都是经管类院校。在高中时有考虑过出国读，但因为种种原因，放弃了出国，阴差阳错地来到了北京理工大学。在四年前的夏天，我开启了大学生活。

我的大一生活是丰富多彩的，参加了许多社团活动。其实在高中的时候，我就是一个社团的负责人，曾因为策划活动而耽误学习被骂过。这可能也是我进入自由的大一时，选择参加很多学生组织和社团的一点起因。大一的我参加了校舞蹈队、国旗护卫队、校学生会权益中心、院学生会外联部、延河之星志愿者、美韵英语协会、川渝学联等组织，并且积极参与各种活动。在这些组织与活动的奔波中，我认识了很多新朋友，更好地锻炼了时间管理能力。但是人的时间和精力是有限的，我也面临力不从心的时候。但不可否认的是，我的大一生活是丰富多彩的。

（二）迷茫忙碌的大二

由于众多组织和活动分散我的注意力，我遭到了来自成绩的打击。我的学习成绩在高中虽不能说是数一数二，但绝对一直在第一梯队。我甚至觉得自己有些小聪明，似乎不比别人努力，也能获得不错的成绩。但70分上下的高数成绩，让我对自己产生怀疑。大二的我没有留任任何组织，也不怎么参加活动，埋头学习。大二的学习是充实且紧凑的，努力带来的回报是我的专业课成绩都还不错，基本在90分。然而，除了每天上课与完成作业，我感到了迷茫。身边的朋友忙于实习、竞赛、做科研，而我只是一个做作业和准备考试都感到压力很大的普通学生。远离家人，学业压力大，再加上感情受挫，我的情绪变得很不稳定，经常哭。都说不知道做什么事的时候，那就读书好啦，以后遇见机会时会感谢自己做的准备。我是认可这个道理的，于是再次埋头学习，我一步步明确了自己出国留学的目标。

虽然说我没有留任任何组织，但是我觉得自己一直是一个对生活很积极，充满了正能量的人。我参加了不少的志愿活动，尤其关注女性和儿童权益。我虽然不在延河支教队，但是也跟着一起做附近希望小学的支教老师。现在回想起来，当时和小孩子们的相处让我对社会产生了不少思考，这也是后来的我陆续参加不少相关活动的起点。

（三）海外留学的大三

作为全英文专业的学生，我们的大三都是要进行海外交流的。我本来想继续去美国加州大学伯克利分校交流，但是申请被拒。那个时候申请还开放着的项目就只有德国拜罗伊特项目了。德国拜罗伊特项目是一个一年的双学位项目。我在德国认识了很好的老师，获得了日后申请研究生的教授推荐信，学习了一门新的语言，也获得了第二学位的机会。

一开始因为签证问题，我错过了正常的开学时间，11月才到达德国。德国的冬天是漫长的，尤其是下午4点就天黑，让我有些许不适应。后来，因为疫情我过了一段深居简出的日子。每天在宿舍里上网课，甚至把国内的课程也一起上了。凌晨3点至5点顶着时差上课的日子是难忘的。每半个月，我都拉着小拖车，全副武装去超市进行一次大采购，然后又回到宿舍的一亩三分地过着重复的生活。后来疫情稍微好转，又结识了隔壁的华人小姐姐，才有了心思一起做饭，饭后在河边散步，假期去邻近的城市短途旅游。学业结束前，我订到了直飞国内的航班，顺利完成学业回国。

（四）时光飞逝的大四

大四的时光是短暂的，从毕业实习到毕业答辩，感觉自己并没有在学校里待很长时间。我11月开始实习，实习地点在西单金融街，在坚持了两周良乡到市区的通勤后，我从宿舍搬出，在市区住。实习中，我学会了很多知识和技能，领导和同事们都对我很友善。在实习期间，我除了在公司整理底稿、出具报告等，还参与了安徽黄山以及北京中铁的项目，去客户企业收集数据、访谈交流。我的实习一直进行到5月，才因为论文压力而离职。我的毕业论文开题其实还挺早，12月就定下了题目，但是开题和中期都是在实习中匆忙完成的，离职后才真正认真投入其中。论文经过多次版本修改，尤其是匿名评阅和答辩的修改改动幅度不小。最终定稿毕业论文，我心中的成就感油然而生。

但毕业后的如释重负感并没有出现，因为这只是一个起点，后面的路依然漫长艰辛。我的未来计划是出国深造，已经获得了英国帝国理工的有条件录取通知。我需要做的是努力达到录取条件后，换无条件录取通知，办理签证，开启新的学习旅程。距离开学时间很短，因此并没有想象中轰轰烈烈的毕业旅行和娱乐，时间不等人，我还需要继续奔跑。

青春感悟

（一）学习与兴趣

学习和兴趣其实并不冲突。大一的我参加了很多组织和活动，而大二的我没有留任任何一个组织，而是专心学习。其实我挺遗憾的，大一成绩不理想的主要原因是态度和时间管理的问题，并不是时间不够，而是我没有重视，觉得自己有几分聪明，只需要一点点的努力就能够有所收获。

（二）方向与努力

在大二末，我经历了一段自我怀疑的低谷期。有明确的努力方向和目标当然是最好的，但是大部分人其实在一段时间里是想不清楚自己想要什么、未来想做什么的。迷茫并不可怕，走出迷茫，找到努力方向是关键。只有拥有充分的准备，才能在机会到来的时候抓住它。正如董卿所说的一句话："我始终相信读过的书都不会白读，它总会在未来日子的某一个场合，帮助我表现得更出色。"

（三）家国情怀

情怀是很重要的东西，它抽象，它是社会责任感，它具体，关切身边的社会、人和事。在德国留学期间，我参与了肯尼亚女性赋权远程云调研，之后成为社会责任家海外女性保护项目的一员，关注海外华人女性反家暴运动。虽然我能带给她们的帮助是有限的，只能提供救助机构和庇护所的信息，陪她们聊天舒缓压力等，但是我实现了我的价值。最近有部热门的电视剧《觉醒年代》，它让我感受到了"牺牲"二字的沉重，民国最浪漫的不是爱情，是走出黑暗的并肩同行。

（四）拥抱平凡

有时候付出了努力并不一定能换回成功，这时我们应该拥抱平凡。这里并不是说不去努力，而是在自己能够决定的事情尽力后，心态平和地去接受结果。对自己有期盼是上进心，但是在受挫的时候，也要能够坦然面对。人外有人，山外有山。这么说虽然很残忍，但是有时候我们拼尽全力，只是为了努力做好一个普通人。杨绛先生也曾说过："无论人生上到哪一层台阶，阶下总有人在仰望你，阶上亦有人在俯视你，你抬头自卑，低头自得，唯有平视，才能看见真实的自己。"

人生志向

提及人生志向，我觉得自己的志向很小，可以工作养活自己，有多余的钱去旅行，和爱的人在一起生活，就足够了。如果能够在所处的行业做出一点有影响力的成就，为社会的发展贡献一点微薄之力，帮助困难的孩子有机会看到这个广阔的世界，那就更好不过。

很喜欢杨绛先生的一段话："我们曾如此渴望命运的波澜，到最后才发现，人生最曼妙的风景，竟是内心的淡定和从容。我们曾如此期盼外界的认可，到最后才知道，世界是自己的，与他人毫无关系。"

当我们真正明白了生活，便学会了沉默，面对生活的风和雨，内心已波澜不惊。和别人倾诉是一种选择，和自己和解才是一种修行。希望自己能够不为情绪所困，以坚强渡己，熬过重重苦难，往后皆是欢喜。

相信，一切自有最好的安排。

重拾自我，认清前路

人文与社会科学学院　朴婧怡

不知不觉中迎来了本科生涯的最后一个月。大四下学期的日子于我而言是很舒心的，我时常是在图书馆自习上一整天，到饭点了慢悠悠地走去食堂，看许多陌生的男孩女孩，脸上带着朝气和赶时间的紧张感从身边走过，而自己仿佛是个置身事外的旁观者，是个校园里清净的精灵。我心里有时想，以前的那些学长学姐，是不是也曾这样旁观过我们的喜怒莽撞，是不是也曾觉得我们是些"啥都不懂的小毛孩"；有时我又夹杂点悲伤，"我可再也回不去那些日子啦……"

回望

大学四年不长不短，却是最青葱的岁月。回望这四年生活，我深感每一年的状态和目标都大相径庭，同时每一年都有些刻骨铭心的转折点。

（一）大一：触底反弹

大一上学期，我还无法适应大学的生活，没有找到合适的学习方法，也比较谨慎和"自闭"。只记得成绩差，宿舍关系僵，不怎么出学校，学生工作也没有花足够的时间和精力。我的高光时刻是四六级都过了600分，进了深秋歌会的校赛——能唱歌还是很开心的！大一寒假我深刻地反思了自己，开始找同学寻求学习经验，密切关注学校和学院的网站，找到很多优秀学长学姐的经历作为榜样和参考，同时也主动争取做社联部春招负责人、社团文化节项目负责人。大一下学期的经历让我感受到自己不服输的一股劲儿，以及人必须走出去，多尝试，多体验。后来，我的成绩从第50名一跃至第6名；我完成了社联部换届留任，成为副部长。我大一暑假前往剑桥大学进行交换，在异国他乡度过了19岁生日。

（二）大二：水满则溢

大二则是全面开花同时野心膨胀的一年。大二上学期的我更加信心满满。我一边继续拼命学习，一边做着班级学习委员和社联部副部长。我作为项目组负责人承办了社团巡礼，同时还参与了红幕布音乐剧社的两个活动。舞台的魅力总是让我无法抗拒，只要聚光灯一打，我总能感受到浑身上下涌动的丰沛的情感，还有支撑我的自信沉稳。

更惊喜的是，安排得满满当当的大二上学期，我的成绩排名竟然上升到了第4名，这下我有些飘飘然了，大二下学期"变本加厉"地参与各种活动，还把目光放到了校外的一些事宜，而焦虑也悄然浮现。最忙的时候，我既得准备出国的托福考试，练习实习项目的网上申请面试，还得进行音乐通识课作品的录制拍摄，跟着老师做一项全英科研，彩排学院活动，同时还得准备一个咨询类比赛。结果这学期什么都没做成，还压力特别大，成绩也落到10名以外。痛定思痛，我狠下心把一些无关的事项都推掉，只专注留学的准备。

（三）大三：厚积薄发

大二暑假到大三，我的生活围绕着语言考试、学生工作和实习展开。暑假学了GRE，前往黄冈国资委和青岛国信金融有限公司实习，竞选社联副主席和班长，承办了许多校内外活动，又十分幸运地拿到了毕马威寒假审计的实习机会。留任社联是一个非常关键的决定，大三的我继续在社联工作，从一个较为宏观的视角思考学生组织的运作和理念，对团队、合作、价值观、责任都有了更深刻的理解。大三还和小伙伴们一起完成了一项农企利益联结的科研，参与了一项人力资源的国家级比赛，蝉联了团体特等奖。大三是收获的季节，不断反思，不断深挖，渐渐成熟。大三下学期更多专注于升学的问题，突如其来的疫情让我有些乱了阵脚，并最后决定放弃出国留学，转战保研，最后收获了满意的去处。

（四）大四：道阻且长

如今大四接近尾声，关注的问题更多是未来的职业规划，考虑的不再是如何兼顾学习和学生工作，而是自己究竟想过什么样的生活，想实现怎样的价值。我从未感到时间是如此宝贵。虽然紧迫、迷茫，但我已不再像初入大学时那样容易张皇失措了。大学四年的时间让我学会了抗住压力、多方分析、勇敢决定。前路不管怎样，都要笑而迎之！

成长

（一）先"投降"，再反抗

"投降"和反抗，这是我大学体会到的最深刻而重要的两点。曾经在德育中期答辩和大四的保研经验分享讲座上，我都讲述过大学期间的两个低谷：一次是大一上学期末流的成绩，一次是大二下学期失败的实习、比赛。我永远记得当时心理学成绩出来时，我对着一个大大的"62"震惊得说不出话，又必须和父母微笑着说成绩"还可以"的窘迫；更记得在微信上和朋友哭诉自己是怎么拼到面试最后一轮，却最终落选的无奈。不过我一直都没有放弃自己，积极寻找突围的方向。大学是场持久战，人生亦如是。第一学期成绩差，第二学期就狠坐图书馆；没拿到"四大"的实习生计划或校园大使，就争取大三的寒假实习。幸运的是，我都做到了。如今回看当时的小小成果，觉得实在也没什么了不起，但在当时的确是给到我很大的信心，同时也更让我明白，一定要承认自己不足的地方，把视野放宽，眼光放长。

（二）认识自己，接受自己

认识自己，接受自己，是大学里的重要一课。我深刻感受到，在大学以前，我们大多是朝着同一方向在努力，繁重的学业阻碍了个性化发展。但到了大学，尤其是时间的可支配性大幅提高后，每个人的性格、习惯、思想便愈发不同了。

令我欣慰的是，在这样的环境下，我没有迷失，而是更加了解了自己，坦然接受自己。父亲常和我说"三观"很重要，我做事时也常会去想自己的动机和初心是什么。如今再回顾，我非常开心自己没有丢失本真的东西。虽然这么说起来有点王婆自夸，但我要说我依旧是个有激情、敢取舍、有温度的人。我喜欢做事时打起十二分精神，喜欢勇敢说"不"，喜欢自己掏心窝地做学生工作、志愿服务和班级工作——虽然这让我变得更感性，有时更脆弱，但没关系，我很喜欢。

我承认我还有很多不足。在独处时，我总能感到自己身上的棱角和负面情绪。希望未来我能把太过激的情绪中和一下。

总体来看，四年来，我和自己成了愈发紧密的好友，我们时常交谈，彼此熟谙，互相欣赏。这很重要。

收获

前一部分大多是讲心态层面的成长，这一部分则要落实到实事儿，看看我的成果和收获。

（一）比较全面，比较满意

如果要用一个词来形容我的本科生涯，那就是"比较全面"。说实在的，不管是正事还是玩乐，我真的尝试了好多！

成绩勉勉强强挤进了级部前15%；3个月时间从出国转战保研，最终被中央财经大学录取。保研经历也是我大学生涯里浓墨重彩的一笔，这个过程让我意识到：付出的努力不会白费。虽然准备过程中一直处在崩溃边缘，但我还是很感激当时那个孤注一掷的自己。事实证明，当初为了出国才疯狂准备的语言考试、若干实习经历和出于兴趣才参加的一些学科竞赛，全都没有白费。

三年的社联工作，四年的班委，大一若干的社团，大二的红幕布音乐剧社，让我的生活无限充实。我很感谢北理工社联部，它的专业性、"头雁文化"、"家文化"一直令我受益。这是一个有着很好文化氛围的学生组织。班长的经历让我感受到什么是纯粹的奉献精神。学生社团让我重温了志同道合的温暖。

我经历了很多的竞赛、社会实践、学术科研。值得一提的是，前期的绝大部分竞赛和科研都没有什么好结果，到了大三、大四才陆续开始迎接些许好的消息，或许凡事都得有前期的沉淀吧！

实习是我大学的主旋律。有金融业国企，有地方政府，有审计所，有互联网……还有我即将迎来的第一份"三中一华"投行实习。实习这件事，没别的，就是慢慢积累，不断提高层次。很感谢这些当螺丝钉的经历，让我对自己向往的生活逐渐有了轮廓。

我也有好好享受生活。去四川看了大熊猫，吃了晚上九点的重庆火锅，在苏州淋了淅淅沥沥的雨，在上海迪士尼城堡看了烟花；在北京逛了南锣鼓巷，走了西郊线，在颐和园走到脚痛，在草莓音乐节和人潮一起跳动……也有过在图书馆静静看窗外的绿叶，在傍晚时拍摄一张粉红色的夕阳，更有驻足片刻、细嗅蔷薇的美好……自在生活，真是享受！

（二）拥抱舞台

我在大学期间很幸运地拥有过几个舞台，能有机会变身成自己之外的某个人，去歌颂，去抒发，去尽情地舞蹈和宣泄。我非常喜欢音乐。我有时惭愧，自己做不到像一些社团的同学一样全身心付出，还能把舞台称为热爱吗？我有时也遗憾，若再匀些时间，是否就能体验更多的渴望？但也没关系，已经全然足够！

（三）遇见幸福

大学期间，我遇到了非常优秀而善良的同学。心怡，我最投机的、无话不谈的宝贝，宛如世界上的另一个我，能和你分到一个宿舍，是我大学最大的幸运之一。水清，如果用词来形容你的话，那就是彻底的热情、彻底的专注，由衷希望你在自己热爱的事业上越走越远。还有小郭、小马、耀正、晓轩、澜澜，以及一班"妙妙屋"的全体成员，这个班级有着超乎我想象的凝聚力和温暖！

我很感谢和男朋友相遇。他温柔，有主见。他容易害羞，又很包容。最难得的是，他既细腻浪漫，又踏实可靠。每次相见，我都能感受到自己眼里的笑意，也看到他眸中的笑意。曾经我以为爱情的美是脆弱的，是微小的，如今我却能真真实实地感受到这份爱对我宽厚的滋润。这真是于我最好的感情了！

思考与前行

未来，我已笃定在金融行业摸爬滚打。很多人说金融业的水很深，必须仰仗着家里的背景云云，但趁年轻还是要闯一闯！抓住身边的机会，踏实地干，机灵地学，始终保持着一股子机敏和冲劲，始终保留着温存和善良，是我对日后的自己最大的期望。

感谢北理工，感谢父母，感谢师友，我们顶峰相见！

路在脚下,路在未来

设计与艺术学院　高文雅

从未觉得时间流逝得如此之快,好像是匆匆一眨眼,我们已经走完了四年的路。从 19 岁到 22 岁,我们把美好的青春时光留在了北理工美丽的校园,留在了日渐繁华的良乡东路,留在了彼此的记忆和脑海。

尤记得四年前那个炎热的夏天,带着对大学的憧憬和向往,和爸爸妈妈一起从家开车到北京。还没到校门口,便被北理桥上写的"北京理工大学欢迎 17 级新同学"几个大字所感动,进入校园又立即被美丽的景色所吸引,接着遇到了热情迎接我们的学长学姐、和蔼可亲的辅导员,一路满是快乐和欣喜,以及对接下来的大学生活的希望和期待。

进入大学,丰富多彩的课程、五花八门的社团、各式各样的活动一股脑地袭来。高考前我们都只有一个目标——提高成绩,考上好的大学。大学与高中最大不同便是,我们可以独立支配自己的时间和安排自己的生活,每个人的目标不同,生活也不尽相同。这突如其来的改变使人猝不及防,刚入学的我和许许多多同学一样,时常感到迷茫,不知道自己想要的是什么,不知道未来该走怎样的路,不知道该做什么、不该做什么。每当迷茫的时候,我便会看书,或者向学长学姐请教、与朋友谈心,学院也会定期举办"YI"讲坛等讲座活动,请优秀的学长学姐为我们指点迷津,就这样我一路曲曲折折、跌跌撞撞地寻找,逐渐找到了自己的目标和方向。

现在我可以说,大学四年的生活果然没有让我失望,在这里收获的不仅仅有专业知识,还有内心的成长、性格的完善、人格的塑造、视野的开阔,让我逐渐对自己、对社会、对世界有更深的认识和了解,一步一步变得更好,一步一步走向想要的未来。

学习

大一刚入学时,我感到既迷茫又新奇。并不繁重的课业压力,五花八门的课外活动，各种各样的学生组织，让我的生活既丰富又混乱。自己到底想要过什么样的生活、度过怎样的大学四年，有什么样的目标，大学结束后我该做什么……对未来的不确定和迷茫充满了整个大一。很快大二开学了，我依旧迷茫，多方搜寻着关于就业、出国、考研与保研的消息，不知道自己究竟该走哪一条路。这时候，我忽然收到了学院发的有关"YI"讲坛的消息，便兴冲冲地报了名，希望能有所收获。还记得讲座上，优秀的学长学姐们介绍他们的大学生活，有的出国求学，有的外推到了清华、北大，看着他们闪闪发光的样子，我看到了自己想要的未来，于是结合自己的情况确立了保研的目标。我不再迷茫，全力以赴学习，认真完成每个设计作业，努力提高视野与审美，积极地向老师同学求教，同时当选了班里的学习委员，积极帮助同学们处理有关学习的问题。大三上学期，我非常幸运地申请到台湾交换的机会，赴台湾云林科技大学学习室内设计，在那里结识了十分优秀的老师和同学，对设计也有了更深的理解。大三下学期，突如其来的疫情将所有人打了个措手不及，我们被迫在家中上网课，这半年过得既焦虑又痛苦，见不到老师和同学们，无法及时交流学习，更加深了我的焦虑。所幸一学期很快过去，一年后终于又重返北理工的校园，保研也终于有了结果，我成功实现了目标。得知这个消息时，我既兴奋又感动，觉得自己的付出终于有了回报。在此我想感谢所有帮助过我的老师、同学、家人、朋友们，是他们一次又一次的支持和鼓励让我坚定信心、勇往直前，感谢爱和信任一直包围着我，让我一步一步成长。

学生工作

（一）班级工作

尤记得大一刚入学时，班内竞选班委，那时的我胆小又内向，完全没有想过，也不敢承担，仿佛这一切对自己来说都是遥不可及的。我看着班委们一次又一次帮助同学们，开始觉得为同学们服务是件十分荣幸的事，渐渐萌生了担任班委的想法。大二下学期重新分班过后，我主动申请了班内的学习委员，开始尝试为同学们服务，在班群内提醒同学们按时完成作业，总结作业要求。慢慢地，同学们开始问我学习问题。每次为同学们解答问题，我都十分开心。班委让我了解了责任和义务。

（二）校园工作

大二时，我继续留任了设计与艺术学院体育部和北理工体协宣传部，成为一名部长。这段经历不仅使我的性格发生了变化，也让我结识了许许多多朋友，学会了不同的工作方式方法。这一年的成长对我来说是飞速的、不可或缺的，是永恒的宝藏。

初入学生会，我并不了解相关的活动。大一的我只是跟着学长学姐们按部就班地组织活动、协助活动。有时候看着他们娴熟地指挥着运动会接近五十人的方阵，我只觉得害怕，害怕一个人对着一群人说话，害怕大家同时注视着我。我既懦弱又胆小，认为这样的事情绝不会在自己身上发生。大一快结束时，我犹豫着要不要继续留任，朋友们鼓励我一定要去尝试。就这样，我经过紧张的答辩成为一名部长。

这一年里，我们组织了数十场学院体育活动，组织了校运动会、新生运动会、彩虹跑、篮球赛、深秋歌会、团体操比赛、毕业晚会……忙得不可开交。还记得我第一次一个人策划一场活动、第一次面试部员们、第一次以部长的身份开会、第一次组织四五十人的集体训练，从最初的紧张害怕到最后的从容自若，我好像完全变了一个人。我发现以前那些让我害怕的事情原来不过如此，开始明白原来自己比想象中要强大得多。逐渐地，我越来越自信。

兴趣爱好与发展

除了校园生活，大学四年里我最喜欢的事情便是摄影。为了学习摄影报了无数摄影师的课程，从前期构图、调节参数到后期修图的一系列课程。三年时间，我几乎上遍了学校所有的摄影课。我加入了北京理工大学摄影协会，成为微博摄影博主，找到了与摄影相关的实习工作。记得第一次接到客片的紧张和兴奋，记得第一次成功约到喜欢的微博博主拍照的忐忑，记得每次夏天拍外景晒得满头大汗，记得一个人扛着两部相机和三脚架在片场穿梭……每次拿起相机拍下自己喜欢的照片，收到大家的鼓励和认可，我都会开心很久很久。能找到自己热爱的事情并为之努力，让我觉得自己是非常幸运的人。

除了摄影，我最大的爱好便是旅行。为了多多旅行，我将拍客片的钱都积攒起来。四年来，与朋友们不仅走过了北京的大街小巷，还游览了上海、甘肃、重庆、深圳、江西……拍下了许许多多照片，留下了许许多多宝贵的回忆。每个城市都有不同的味道，我按下快门记录眼中那些美好的瞬间。每

路在脚下，路在未来

次旅行对我来说都是一份弥足珍贵的礼物，装载了不同的感动和惊喜。

除此之外，大学收获最大的技能大概就是考取了驾照，拥有了合法的开车资格，也终于能更自由地驶向远方。

遗憾

大学的遗憾也不少。遗憾没有更早地确立目标，遗憾没有全力以赴做好每一份作业，遗憾大一时没有认真背那本蓝皮的英语书，遗憾没有早点去实习，遗憾没有交到更多的朋友，遗憾没有去更远的地方旅行……谁的青春会没有遗憾呢？这些遗憾告诉我要更加热爱生活、珍惜当下、珍惜现在的每一分每一秒，提醒我不要放松、不要堕落，不要让未来的自己后悔，要认真努力，以最好的状态过好每一天。

结语

这四年里要感谢的人太多太多，感谢老师、同学们，感谢我的父母家人，感谢所有帮助过我的人。

如果对四年前的自己说一句话，我想我会说"再努力一点、再自信一点、再大胆一点"。走过大学四年，未来的路还很长，希望我能继续保持初心、永远有热爱、永远有感动，以真诚又炽热的心迎接未来。

流年不负，未来可期

徐特立学院　祁宇轩

毕业设计答辩之后的第二天，我独自坐在中关村校区图书馆，拾起掉落在时空长河中的每一片落叶，用思绪把岁月里的回忆与故事串成项链。刚上大学的时候，感觉毕业是一件遥不可及的事情。然而，大学时光如细沙从指尖流过，如飞鸟从头掠过。转眼间临近毕业，感叹时过境迁、物是人非，在陪伴自己走过了四年岁月的笔记本电脑里敲下这段文字。

大一：憧憬、迷茫与期待

走进良乡校区大门的第一个傍晚，淅淅沥沥下着雨，和父母打着伞逛了逛校园，我的大学生活便这样不知不觉开始了。大一，我认识了来自五湖四海的同学们，与他们一起度过了难忘的军训时光；推开了疏桐地下活动室的门，从此与社团的朋友们结下了深厚友谊；熬过了一次又一次考试前的焦虑与不安，也看到了自己进步的点点滴滴。

刚进入大学的我，怀着对未来的憧憬踏遍了学校的每一个角落，想象着自己将会度过怎样的大学生活。事实证明，大学生活虽然并未像我想象的那样，但也没有让我失望。大学的第一个月在军训、考试和活动中度过，白天的训练看似枯燥无味，却因一群同学们的陪伴而变得多姿多彩。军训期间的晚上，坐在理教的教室里紧张地奋笔疾书，体会着高三都未曾有过的焦虑与不安。转眼间，到了军训结束的那个夜晚，直到今天仍然清晰地记得自己坐在理教一楼转角的教室，紧张地听着学院公布的成绩名单。

军训结束，我开始了在徐特立学院的学习生活，尝试了各种各样有趣的活动，也收获了真挚的友谊。数学分析、高等代数、学术英语，让高中本来就不擅长数学和英语的我备感迷茫。我曾经感叹自己不如身边高中就很优秀的同学，也曾经怀疑自己会考试不及格。然而，时间会在不经意间给我们答案，付出的点点滴滴都不会辜负我们。后来，我的学习成绩逐渐好了起来，成绩排名也越来越靠前。直到写下这段文字的今天，我没有挂过一门课程，还顺利地获得了攻读博士的资格。

学习之外的生活，总要用各种社团活动来调剂。推开疏桐地下活动室的门，从未接触过民乐的我加入了龙艺民乐社，认识了一群志同道合的伙伴，还与他们一起参加了各个学院的晚会演出。学生服务楼二楼的活动室总是杂乱吵闹，在那里我和同学组建了乐队，带着吉他走过了良乡东路的珍贵岁月，也登上了北湖音乐节灯光闪耀的舞台。在对未来的迷茫与期待中，我完成了大一的每一场考试与演出，度过了大学生活的第一年时光。

大二：努力、汗水与欢笑

大二的时光忙碌而充实，各种作业、考试和演出几乎挤满了我的日程。理论力学、电工技术、机械设计、自动控制等课程给了我就读工科专业的真实体验，每天晚上九点下课留在教室完成作业，回到宿舍后和同学一起在静园宿舍楼的活动室里画工程图、刷理论力学题，直到深夜。静园活动室自习的日子虽然辛苦，却是我大学里最难忘的回忆。"苦心人，天不负，卧薪尝胆，三千越甲可吞吴"，文件夹内绘制成的图纸慢慢变厚，快递盒里使用过的稿纸慢慢变多，我的学业成绩在不知不觉中逐渐提高，奖学金也从三等奖变成了二等奖。

课程学习占据了我的大部分时间，但不是生活的全部。大一结束时，我选择了担任龙艺民乐社的副社长，利用课余时间和一群小伙伴一起练习乐器、组织演出。疏桐地下的那间活动室闷热而潮湿，却留下了我大学四年最美好的记忆。此外，我还作为吉他手加入了独立音乐协会，和乐队的伙伴们一起演出。大二这一年参加过的演出至少也有十几场了，无论是北湖音乐节舞台，还是彼岸花酒吧，或者是综教演艺厅，每一次的体验都是不一样的。

世界这么大，每个人都该出去看看。大二暑假，我报名参加了德国亚琛工业大学访学项目。在德国西部城市亚琛学习生活的一个月新奇而有趣，我第一次体验到了国外大学的授课考核方式，还在课余时间去了周围的城市游玩。科隆大教堂高耸的尖顶、蒙绍小镇古朴的建筑、特里尔雄伟的古罗马浴场，如果不是亲眼所见，定不会相信在亚欧大陆的西部也会有如此奇妙的景观。世界这么大，出去走走总会看到不一样的风景。

生活有时像一面墙，外面的人想进来，里面的人想出去。身处良乡的时候，期待中关村的车水马龙；身处中关村的时候，怀念良乡的静谧闲适。无论你是否留恋，生活在良乡的岁月已匆匆过去，带走的是美好的回忆，留下的是成长的足迹。

大三：会当凌绝顶，一览众山小

来到陌生而熟悉的中关村校区，我真正体会到了北理工浓厚的学术氛围。第一次进入实验室的我，对眼前的一切都充满好奇。第一次制备活性材料，第一次操作液压机，第一次使用烧结炉，在不断的尝试和体验中，我逐渐掌握了实验室每一台仪器的使用方法，在实验室老师和师兄师姐的指导下，我慢慢走进了科研的世界。此后一段时间，我的生活变成了早上乘坐校车到西山校区做实验，中午乘坐公交车回中关村校区上课。每天为了平衡科研与课业而奔波，虽然辛苦，但是内心充实而快乐。

大三下学期，新冠肺炎疫情打乱了生活的节奏，日常的学习从线下变成了线上，在校变成了居家。一场突如其来的疫情严重影响了我们的正常生活，却也让我们体验到了线上学习的利与弊，并为我们提供了更多自主学习思考的机会。在完成课业学习之余，我开始拓展自己的专业知识，并努力尝试一些新的研究方向。时间一点一滴地过去，当大学三年级结束时，我的各门专业课都取得了不错的成绩，并对自己的专业有了更加深刻的认识。此刻，我决心深耕自己选择的专业领域，努力在未来干出一番惊天动地的事业。

大三暑假疫情形势好转，我来到了山西某厂参观学习并协助开展试验，这是我第一次在校外试验。沟壑纵横的黄土高原雄浑壮阔，车队驶过黄沙漫天，地面上留下一道道车轮和履带的印迹。烈日下的靶场试验辛苦而又难忘，当总指挥下达起爆指令的那一刻，冲击波划破天空震耳欲聋，在远处传来隆隆回响，紧接着黄土和泥沙向上抛起直入云霄，在地面上留下了一个深深的爆破漏斗坑。站在荒无人烟的试验场上，遥想多少先辈曾经在这里埋头苦干，多少武器装备从这里走向实战，再想到自己也有机会为国防事业贡献一点绵薄之力，总有一种感动和自豪涌上心头。正如钱学森先生讲的那样："科学没有国界，可是科学家却有自己的祖国。"在这样一个浮躁喧嚣的都市中，默默无闻地为国家和民族做一点事情，真是一种别样的快乐和幸福。

大四：以梦为马，不负韶华

大四的时光依旧忙碌而充实，这一年我开始学习研究生课程，参与了一些国防项目，并担任了"兵器设计与实验"课程助教，每天在宿舍、教室和实验室间往返。周五晚上，我作为课程助教和老师一起去良乡上课，为同学们解答三维建模过程中出现的问题。第一次以这样的角色出现在课堂上，心中有些激动与紧张，期待为同学们提供帮助，同时也担心自己不能胜任助教工作。时间在教学日历上推移，同学们的制图建模能力逐渐增强，我变得越来越得心应手。与其说我为同学们答疑解惑，不如说我和同学们同成长共进步。重返良乡担任课程助教的经历，是我大四这年最难忘的美好回忆。

毕业设计是本科学习的最后一部分，从实验研究到数值仿真，再到理论分析和论文撰写，每一个环节我都尽力做到最好。曾听人说"科研是美的"，之前我一直不以为然，直到毕业设计实验开始的那一天。活性材料在冲击作用下破碎飞溅，瞬间点火燃烧照亮了整个电脑屏幕，颗粒在空中悬浮形成了一团星云状的火光。我被眼前这绚丽的一幕深深吸引，切身感受到了科研之美。毕业设计工作按部就班开展，一行行公式和代码被敲进我的笔记本电脑，论文的页数也慢慢多了起来，最后便是制作幻灯片和准备答辩。

大学四年忙忙碌碌，还没来得及仔细品味和回忆，就要和它说再见了。无论你是否愿意，是否留恋，大学的青春岁月都一去不复返了，能做的仅仅是把大学的幸福与快乐、汗水与泪水、成功与失败写成文字。未来的路还很长，人总是要向前看的。我依然会生活在北理工校园，继续攻读博士学位，怀揣着学术报国的梦想，砥砺前行，努力把先进的技术书写在祖国的武器装备上。

流年不负，未来可期，以梦为马，不负韶华。

大学生活需要丰富多彩，更需要脚踏实地。如果将青春比作一曲慷慨激昂的交响乐，那么拼搏、奋斗、坚持和汗水将会奏响这绝美的华章。四年韶华易逝，但我仍会秉持初心，不留遗憾地奋斗，无畏艰难险阻。

第三章 青春行

奋斗铸就四年青春

宇航学院　胡振坤

时光飞逝，犹如白驹过隙，四年大学生涯即将结束。大学四年，是我们一生中最为宝贵的青春时光，在这四年里，我的思想觉悟、自主学习能力和心理素质都得到了很大的提高，四年的学习生活使我形成了正确的人生观、价值观和世界观。在这四年里，我取得了令自己满意的成绩，得到了许多宝贵的东西。四年中有苦有乐，有得也有失。四年的本科生活马上就和我挥手告别，我可以自豪地向四年前的自己说：这四年青春没有荒废，而且甚是精彩！

追求思想进步，争做优秀党员

（一）锤炼党性，理论武装思想

我主动加强政治理论学习，处处以高标准严格要求自己，锤炼过硬的政治素质，积极向党组织靠拢。在大一入学后不久，我便向党组织递交了入党申请书，成为一名入党积极分子。我努力学习党的基本知识和各项方针政策，注重培养正确的人生观、价值观和世界观，坚定政治信念，积极参加社会实践与志愿活动，终于在2018年12月加入了中国共产党。作为一名共产党员，我时刻提醒自己要发挥党员的先锋模范作用，努力提高自身政治理论水平，认真学习习近平新时代中国特色社会主义思想，夯实理论基础，加强思想政治修养，提高政治觉悟，不断增强"四个意识"、坚定"四个自信"、做到"两个维护"，积极主动为同学、老师服务。

在大四期间，我担任了宇航学院本科生党支部的组织委员。我深知责任的重要性，结合学院"承诺、践诺、积分、评议"一体化教育管理监督工作，带领支部成员利用党支部组织生活和学习强国平台学习。我组织全体党员共同学习党史，开展学百年党史、知红色校史、读学科报国史活动，并以党团支部共建形式辐射全体学生，充分带动了广大学生的学习热情。

（二）不忘初心，履行党员义务

我认真履行职责，协助支部书记开展各项工作，切实提高工作能力。自 2020 年 7 月担任组织委员以来，我始终保持认真负责的工作态度和一丝不苟的工作作风，不忘入党初心，牢记职责使命，争做新时代优秀党员。我协助支部书记定期召开党员大会，开展理论学习，积极了解和掌握支部的组织状况，检查和督促党支部全体党员过好组织生活。在支部委员会的领导下，我定期与党员谈心谈话，从学生群体中吸纳先进分子，及时了解和掌握党员的思想状况并予以帮助，督促支部成员的理论学习，按时落实对入党积极分子和预备党员的培养、教育和考察。在 2020 年度，协助党支部接收预备党员 36 名，预备党员转正 12 名。近一年的支部工作，锻炼了我的团队协作能力，密切了我和其他同志之间的联系，积累了支部工作经验，为以后的工作打下了基础。

（三）牢记使命，积极联系群众

我充分发挥党员的先锋模范作用，带头报名社区志愿服务。在清凉的早晨，我和其他党员早早地来到教工食堂前面，一起帮助社区工作人员装卸、摆放食品，当社区的群众前来买所需食品时，我们逐一为他们介绍相关食品的种类与价格，称重、包装一气呵成，为社区群众提供了便利服务。在为群众服务的过程中，我感受到了为人民服务的真谛，体会到了生命的价值在于奉献自己的人生，同时践行了我全心全意为人民服务的入党初心。

汲取专业知识，争做优秀学生

（一）品学兼优，勇担先锋表率

在学习方面，我学习态度端正，始终刻苦勤奋，锤炼不懈钻研的学习品质和创新精神。仍然记得刚入学时，我对这座高等学府充满了好奇与憧憬。我好奇学校里的每一栋楼、每一棵树，好奇学校里和我一样的学生，好奇优秀学长学姐令人惊羡的成绩，同时我憧憬着四年后优秀的自己。因此从大一开始，我在学习上从不敢懈怠，按时上课，认真完成作业，始终保持着端正的态度对待每一个学习科目；同时注重拓宽自己的专业知识，在课余时间充分利用徐特立图书馆的图书资源，查阅课外书籍，优化自己的知识结构，培养自己全方位思考和自主学习的能力。经过持之以恒的努力与奋斗，在大学四年里，我共获得一等奖学金3次、二等奖学金4次，连续三个学年获得校级"优秀学生"荣誉称号；2020年10月我以优异成绩获得了免试保送北京理工大学研究生的资格。

除了重视专业学习之外，我还十分注重个人综合能力的培养，充分抓住每一次机会锻炼自我，不断提高自身综合素质。作为班上的学习委员，我以一个服务者的姿态，尽我所能服务同学，在班级中起好模范带头作用，带动身边的同学共同学习、一起进步。除此之外，我还积极参加学校和学院组织的各种竞赛活动，收获了全国大学生数学竞赛一等奖、全国大学生数学建模竞赛北京市二等奖、北京理工大学"航天科工动力杯"固体火箭设计大赛三等奖和北京理工大学飞行器创新大赛优胜奖等奖项。

（二）学以致用，理论指导实践

在实践方面，我积极主动参与科研实践项目，学以致用，锤炼吃苦耐劳、持之以恒的钻研精神。理论为实践提供指导意见，而实践也同时检验了理论的准确性。如果只注重专业理论知识的学习，不进行相关实验探究，那只是纸上谈兵。虽然扎实的理论知识是基础，但是只有将理论与实践相结合，学以致用，才能将所学知识更好地发挥作用。在保送研究生后，我第一时间选择继续在航天领域里深耕不辍，目前已参与到导师的科研项目当中，在导师的耐心指导和师兄师姐的帮助下，我将学到的理论知识用于实践中，实现了从大学课堂到科研实践的过渡，感受到了科研的魅力。自从参与导师的科研项目以来，我充分利用课外时间查阅相关专业书籍，学习新的专业知识，以搭建最合适的理论模型，为实验做好充分的准备。在做好相关的理论计算之后，我随导师和师兄师姐多次去校外做试验，每一次试验都有意外和惊喜，所以每一次试验后都需要修正理论模型，经过反复试验与修正，最后才得到了准确的理论模型。通过多次科研实践训练，巩固、加深了我在课堂上所学到的专业知识，锻炼和培养了我分析问题和解决问题的能力，同时拓宽了我的知识视野，为以后的科研工作打下了坚实的基础。

完善知识体系，争做航天新人

回想过去在北理工的四年，我不仅学到了许多与飞行器动力相关的专业知识，更学到了做人与做事的基本原则和方法，这些宝贵的财富将使我受益无穷。感谢北理工，在这四年里我的德育水平得到了很大的提高。四年时光转瞬即逝，大学的学习生活即将结束，而于我的人生却只是一个开始，我将面对又一次征程的开始。生命不息，学习不止，本科毕业之后，我将在北京理工大学宇航学院继续读研究生，学习新的专业知识，完善知识体系，开启新的科研生活，锻炼独立思考与解决问题的能力，为以后从事航空航天领域的工作奠定基础。

  我深知，作为一名中国共产党党员，既然选择了航空航天事业，就一定要不忘初心、牢记使命，时刻以"为中国人民谋幸福、为中华民族谋复兴"为己任，敢于战胜一切艰难险阻，勇于攀登航天科技高峰，立大志、明大德、成大才、担大任，努力使自己成为堪当民族复兴重任的时代新人。

以梦为马　不负韶华

机电学院　郭晓雯

时间荏苒，一转眼，我已经从刚踏入校门的那个懵懂无知的小姑娘变成准研究生的女汉子。这四年，是我人生中蜕变最大、成长最多、收获最多的四年。这四年，我收获的不仅仅是知识，还有人生难忘的经历，更拥有了这一辈子难忘的挚友们。

学工：不忘初心，方得始终

要问大学我最享受的是什么，那一定是学生工作。虽然学生工作很累，很繁杂，需要占用很多时间，但是当我处理好班级、组织的事务，能够为同学们切切实实带来方便，能够为学弟学妹们做出一点贡献的时候，我的内心是充满成就感的，因为我真真正正感受到了我的价值。

（一）机电学院创新创业主席

大一刚入学的我，被酷炫的创协（当时为机电科协）牢牢吸引，想都没想就报名加入了，到了大一期末，我努力争取了一把，就留任成了主席。作为创协主席，我组织和参与了数次科创宣讲会，组织了数次不同方面的培训，涉及机械、电控、无人机等方面。在 2020 年"机电先锋"评选中，机电创协获得了"先锋集体"的荣誉称号。我带领创协团队打破陈规，自创并且举办了第一届 BTC—火灾救援团智能小车大赛，共有 6 个学院、书院的 300 名同学报名。

在 2019 年，我带领创协的核心团队参与筹办智能机电系统创新设计大赛，从大赛的前期准备到联系选手，到最终的总决赛，我全程跟进；我还负责最终总决赛答辩统筹安排。后来，我跟随兵器特区的老师参与了全国特种装备大赛的统筹与规划。

2018年和2019年，我参与了组织北京理工大学良乡校区全能少年夏令营的工作。作为夏令营科技营的总负责人，我主要负责机器人基础营的统筹与规划，参与策划和举办"凌云杯"科技竞赛，总共负责营员超过500人。2019年，我作为北京理工大学附属实验学校的科技辅导员，指导附属学校的同学们参与木梁承重比赛，获得"优秀辅导员"称号。2019年暑假，我作为北理工团队负责人，赴海南参与六校联盟夏令营，为海南中学的同学们带来机器人的相关课程，负责的营员共有120余人。2020年暑假，我作为北京学院轮式机器人科技夏令营的负责人，完成了夏令营统筹规划、课程计划，并且担任课程讲师。

　　我的每个暑假都在跟我的"学生们"相处，虽然我没有了假期，但是我很享受带队夏令营的日子，因为我切切实实感受到了孩子们学习机器人的热情和初心，我也能尽我所能、以我所学帮助他人。

（二）智能无人系统队

　　在大四，我还是没停下学生工作的步伐，我成为校科创智能无人系统队的第一届负责人，从无到有创建一个新的组织，从零开始建设组织构架，从头规划组织的发展走向，真的是有苦有泪。但是当看到第一届20多名成员和6位部长团的同学时，再累都值得。如今我还在运营管理着这个学生组织，就算到了研究生，我也不会停下我的步伐。

（三）团支书

　　我从大二开始，就担任机械电子工程班的团支书。积极组织团日活动，三年来共举办团日活动十余次，形式多样，主题丰富。同时，我积极鼓励大家申请入团入党，鼓励大家向团组织、党组织靠拢。

学业：勤奋努力，踏实上进

　　我入学就是奔着机电专业的，所以我选择了机电学院。大一上学期，我很努力地学习，为了能够被选进机电专业。大二正式进入了机电专业后才发现，机电专业课多、课难，学得又广，非常累。但是当我第一次去参观机器人所的时候，我下定决心，一定要拼尽全力来这个地方攻读研究生。

　　接下来的两年，我一直在很努力地做一件事：平衡我的时间。我平时有一半的时间用来做学生工作，剩下一半的时间我要跟进实验室项目，同时我要保证我的学习成绩不能掉下去。

我真的很幸运。经过三年的努力,我在成绩排名不是太差的情况下,综测排名全院第一,最终保研排名6/35,被保研至北京理工大学智能机器人与系统高精尖创新中心,导师为石青教授。我成为这个课题组开山的第一个小师妹。

当我被保研北理工后,激动得不能自已,因为圆了我当初大二选专业的时候,想来机器人所读研的梦想。

回首艰苦奋斗的日子,我总算靠着自己的汗水和眼泪,一步一步走到了我梦想的地方。

科研:求真务实,严谨治学

对我来说,科研真的是我兴趣所在,虽然可能不是天赋所在,但是我愿意为之奋斗。

我选择做科创,不是为了参加竞赛,不是为了拿很多好听的名头,我只是想提升自我。毕竟,学工科的,最重要的是把硬本事学到手。

每一个项目的立项都是为了能够真正便利我们的生活或是填补某一领域的空白,一个好的科研项目必定是要有一个好的运用前景。我一入校,便对机器人有着浓厚的兴趣。大一,我用一年的时间学习了科创的基本技能。大二,结合课堂知识,我与团队成员共同完成了"基于ROS的地空两栖机器人"的设计与制作,该机器人主要用于军事侦察。其中我主要负责的是无人机的制作和控制。大三,与同学一起合作完成了基于CNN神经网络的动作识别,联系导师进入实验室。在实验室中,我跟随师兄完成相关科研项目:参与优化"灵巧鼠"微小型机器人的机构;参与研发和制作仿鸟扑翼机器人。在实验室,我接触到了真正的科研。我不仅学到了很多实用的知识,还学会了科研的思路和科研的态度。正是受到这个实验室整体氛围的影响,我能够一直有往前走的动力和坚持下去的恒心。所以保研之后,我义无反顾地留在了实验室,这个让我感受到温暖如家的实验室。

大到国家项目,小到科创项目,严谨的态度都是必不可少的。大三那年是我在科创方面投入最多的时候,每天在实验室待到晚上11点。我跟随师兄们参加了一系列科创竞赛,取得了智能机电系统创新设计大赛全国一等奖、"互联网+"北京市二等奖、校"世纪杯"课外学术科技类特等奖、校"世纪杯"课外学术科技类一等奖等。同时我跟随实验室申请发明专利2项,在其他研究方向授权发明专利1项、实用新型专利1项。

生活：五彩斑斓，丰富自我

对于我来说，学生工作、学习和科研不是生活的全部，只有活得多姿多彩，才是真正不负韶华。

我积极参与学校组织的各类活动：担任院深秋歌会主持人；组队参与校权益大赛；提出关于女子小区宿舍安全的提案，并获得特等奖；在疫情期间，参与校学生会组织的美食大赛，我靠一道红烧肉杀出重围；参与学校的女篮比赛，在篮球场上努力奔跑；脑子一热写了小说，就投了学校的小说大赛……

我喜欢记录生活。人活这一遭，精彩无限。我有一个个人公众号，分享时事热点、观影和读书心得、生活点滴；我沉迷于历史，热爱传统文化，圆明园、颐和园都是我周末的散心之地；我喜欢听京剧，经常压力一大就买戏票去长安大戏院听京剧；一周在实验室工作六天，我的周日就留给了京剧课……

我认为，我的大学四年很充实。

这四年我积淀了不少，也经历了一些，能够让我以更成熟的心态面对未来的研究生生活。大学对我来说从不只是学习的地方。我从来不禁锢于学校的一亩三分地，不断挑战自己的极限，拓展眼界，提升自己，最终将自己所学报效社会、报效国家。

大学·青春·人生

机械与车辆学院　沙宇

岁月不居，时节如流。大学四年，行色匆匆，毕业之际，忽焉已至。蓦然回首，往事历历，萦绕心间。清晰地记得，2017年的那个夏天，入学礼包中有一本书——《大学·青春·人生》，这本书讲述了很多优秀学长学姐的大学成长历程。在那个火热的夏季夜晚，我常常在宿舍看里面的故事。而今，我也需要对自己的大学四年，好的或者不好的，做一点总结。

立鸿鹄志，做奋斗者——我与入党

我于2019年12月成为一名中国共产党党员，也是我们年级的第一批正式党员。2019年12月——2020年12月，担任机械与车辆学院2017级本科生党支部组织委员。大学期间，入党这件事是我最光荣自豪的事。

（一）初遇共学会

新生入学，学生组织都会举办招新活动。我当时阴差阳错并没能在现场听宣讲，后来在宿舍收到了学院共学会的一份招新宣传单，好奇之下就抱着试一试的态度去了。当时已错过统一面试的时机，但陈部长还是给了我一次面试的机会，于是就这样，我加入了大学第一个学生组织——共学会。共学会主要的工作是以党课、青马工程等形式，负责对入党积极分子进行党课培养，协助党建老师完成日常工作。

（二）我与党支部

我担任组织委员，除了做好本职工作，我还给所有的入党积极分子进行了信息统计，对他们开展了入党流程和相关材料准备的培训。支部另一个很重要的工作就是发展党员。支部现今的发展不再是直接由支部委员推荐确定，而是由全体党员听取发展对象的汇报，综合平时的表现来确定人选。发展中既考虑择优发展，也平衡各专业的名额。

学生工作——共学会的四年时光

在大学，我找到了一项自己所热爱的事——学生工作。我的学生工作经历大致分三个阶段：偶然，责任，情怀。

（一）偶然

第一阶段是偶然。大一初已错过了统一招新的时间，后期偶然加入了共学会，在共学会的大家庭里，我感受到了集体的温暖。刚入学的我充满了迷茫，也有在陌生环境中的孤独。而共学会里的学长学姐非常贴心，真真切切地让我感受到了家的温暖。就这样，在偶然的际遇下，我爱上了这个组织。在共学会主席的信任与帮助下，我逐渐开始了解它的管理运营。大一下学期的院党课策划及期间的人员安排，大部分都是我来拟定草案。心血的付出也让学长和老师更加信任我的工作，在大一学年末，我十分荣幸地留任成为院共学会的常务副主席。

（二）责任

第二阶段是责任。当选院共学会常务副主席后，我全心投身于组织工作，一心想让共学会成为一个具有特色的优秀组织。当时的共学会处境并不好，它的名称及性质让很多新生望而止步，认为其过于"高大上"，甚至"避而远之"。当时留任面试的时候就问了我一个问题：怎样进行下一学年的招新工作。当时我回答说："要打造出一个新的主题，形成一种新的文化。在其又红又专的基础上，我们要将其发展成为当代大学生喜欢的组织。以学生热爱的形式进行红色教育，培养爱党爱国爱社会的理想信念。"具体而言，就是适当打破传统的理论知识教育模式，增加实践模块，让学员在实践中成长，树立正确的价值观。

"打铁还需自身硬"。组织内部配合默契，组织有特色、有情调，那么这个组织必然不会太差。在大一学年的最后，我召集留任的成员开了个简短的见面会，并在大二多次组织聚餐、"轰趴"以拉近彼此关系。活跃的气氛、温暖的氛围一直是共学会最让人迷恋的地方。大家在一起相处，真的就犹如一家人。

组织的招新是新学期的第一个重点工作。在新生刚入学的招新宣讲上，我们精心准备了视频活跃气氛，在宣传社团时，最大限度发挥每个成员的优势来吸引新生。对于新生加入学生组织，我认为最大的收获不是学到了诸如策划、推送等具体的技能，而是快速融入了大学生活，认识了一群朋友，并且有学长学姐传授他们的经验感悟。新生加入组织，首先要做的就是让他们认识彼此，也就是用最简短的话语让别人记住自己。这其实是个很有挑战性的工作，但不得不说，学弟学妹们的创新能力和思维能力经常能给我惊喜。

我们成功举办了青马工程第八期以及两次院党课，其中我尤为喜欢的就是素质拓展活动。素质拓展活动既能让大家快速熟悉彼此，又能体会到合作、信任的力量。

（三）情怀

第三阶段是情怀。之前是想着把共学会发展好，不负这一代代的传承。而很巧的是，在大二下学期时，书院制下学院的组织被取消。我面临着两种选择：要么直接放手，少干工作，要么转型定位，继续奉献。入党教育一直都是个难以尽善尽美且工作量繁重的工作，良乡党支部在赵方党支部书记的带领下规范完善了流程，但还需要有人推进这一工作。而我选择了这一方面的工作，并且继续主办院党课。大三的学习任务相当繁忙，许多同学为了保研都在冲刺。有的时候给入党的同学回答问题就得数小时，的确占用了部分学习时间。我常常开玩笑说："就当是学习后休息了"。但这些工作，真真正正让我感受到了奉献的乐趣。

人生规划——关于时间节点的规划及看法

在做精工 2020 朋辈导师时，曾看到一份书院给他们设计的时间节点及目标规划。看完后，我感触颇深，结合自身实际，我想谈一谈我自己的规划。

2021 年，我刚刚本科毕业，还未真正踏足社会，所追求的，就应该是心理与身体的健康，以及全面发展。我知道现在竞争很大，各行各业都在比，身边的同学也都力争上游，甚至形成所谓的"卷"。我这里不想过多说"卷不卷""如何卷"，我想最重要的一点是，无论如何，锻炼好身体。

这里我还想多说一点关于"内卷"和"躺平"的看法。最近网上对当代青年，或者说"90 后"吧，选择"躺平"很不满，我想倘若真的就是啥也不想干得过且过自然是大错特错，但如果是追求新的价值而远离所谓的"优秀"也无可厚非。发展是为了多元化，例如在学校里，学习成绩可能没必要去"卷"成第一，你完全可以发展自己其他正当的兴趣爱好并坚持下去。

2024年，大学毕业后第三年。取得硕士学位。这一阶段要有自己的独立研究能力。至于"财富自由"，很多人会觉得目标太过遥远，甚至有人把它定义为自己"终极理想"。我想这里的"财富自由"并非花天酒地"多财多亿"，它是指自己能够有一定的收入，简单来说，就是自己能养活自己，并且略有结余。我们终究要走向社会，终究要自立，创造财富是一种能力。

2027年，正所谓"三十而立"，这一阶段要"立起来"，立于社会，立于家庭。可能部分人都已经在工作岗位上打下根基，在满足养家糊口之余，还能满足自己所好。倘若开始的工作并非自己所好，那就在这一阶段找到自己的人生方向。

2032年，在工作单位处于中层，甚至更高的地位，这是阶段性的成功——用自己的学识创造一定的社会价值。追求工作成就之余，还要享受生活。虽然自己年富力强工作繁忙，但也要抽出时间享受生活，获得精神世界的给养。

2037年，四十不惑，用丰富的人生阅历正确理解社会、人生、世界。一个人要敢想敢做敢担当，于少年立大志，如此才能"四十不惑"。

2049年，时值新中国成立一百周年。这个阶段，我们的祖国将会是富强民主文明和谐美丽的社会主义现代化强国。希望我们在各个领域都已成绩斐然，成为各行各业的佼佼者。

放眼社会

（一）社会实践

2018年的暑期，我有幸参加了学校组织的"海外计划"活动，前往法国进行了为期半个月的访学。在访学期间，我对当地的人文、历史、社会发展进行了初步的调研。与当地人交流，探寻他们对假期的安排；与留学生交流，调查他们在法国的生活状态；与当地师生交流，感悟中法两国教育的差异。这次的社会实践，让我"开眼看世界"，实地了解了异域文化，也对比了我们之间的异同，看到了不同教育、生活模式下人们不同的生活状态。

2019年的暑期，我参加学院组织的香港访学交流。香港的高校在世界上知名度很高，他们的教育模式和内地相比有何差异，当地居民的生活水平和状态如何，这些都是我们感兴趣的话题。同时那一年垃圾分类刚开始在内地正式施行，我们重点调研了香港的垃圾分类及处理，尤其在高校内，从师生、保洁人员、垃圾桶设置、环保宣传等方面进行了调查，以此对我们高校的垃圾分类提出一些建议，最终我也在此次社会实践中获得"优秀实践团员"称号。

我还到河南省平顶山市鲁山县的扶贫一线调查扶贫现状。在这次暑期实践中，我深切地感受到了国家对于贫困地区的帮扶力度，各种扶贫手段齐发力，助力全面脱贫。

（二）志愿活动

志愿活动是丰富多彩的。参加志愿活动，我们既可以为社会献出绵薄之力，又可以增长自己的见识，开阔自己的视野。大学期间每个学期我都会抽出一部分时间去做志愿，下面列举几个我印象最深的志愿活动。

我参加了房山区教委组织的中小学生三点半课后活动。这个活动旨在给中小学生开拓视野、丰富课余生活。我主要给小学生讲解 3D 创意设计，这是和我专业相关的内容。在给小学生的授课中，我发现孩子们经常分神。于是，我根据孩子的年龄特点调整讲课方式，适应孩子们的认知能力。每当下课看着学生们的成果，我都十分欣喜，在这里，我实现了自我价值。

我参加了 2019 年的暑期北京市"一带一路"科技训练营的志愿活动，为来自世界各国的学员进行技术指导。这项活动，面对的是来自"一带一路"沿线数十个国家两百多人的营员。志愿者需要协助管理现场秩序，解答参与者的问题。训练营的官方用语是英语，全英文交流，各种突发问题的解决，极大地锻炼了我的能力。我还参与了国庆专项志愿服务，为祖国母亲的 70 华诞奉献了自己的一份力量……志愿最让人快乐之处在于实现自我的价值。当自己的劳动与汗水被他人认可的时候，自己是无比满足的。

我的大学时光

光电学院　任妍

又是一年灿烂的盛夏,作为本科四年级的毕业生之一,我即将结束四年的学习生活。仍记得曾经低年级的我们,看着毕业生们与校园做最后的告别,心底憧憬着自己将要抵达的终点;而今,当我们完成本科阶段最后的学习任务,筹划毕业后的去向时,才意识到漫漫未来时不我待,体会到责任与使命的意义。

从大学本科毕业,意味着我们已经具备较高的文化与科学素养,专业知识与工作能力得到较为系统而全面的锻炼,理应担负起国家和社会赋予的重要责任,成为新时代的栋梁。随着毕业典礼的临近,我时常自问:我是否为一名合格的本科毕业生?

回顾本科期间的所见所闻、所学所思,以毕业的标准衡量,我将自己的表现从思想培养、学业水平、实践活动、学生工作、集体生活、个性发展几个方面总结,希望给出答案。

思想培养

在本科阶段,我积极加入中国共产党,向党组织靠拢。在老师们和身边优秀同学的引领下,经过不断的学习和思考,我逐渐认识到中国共产党卓越的领导能力和中国特色社会主义制度的优越性,为伟大的领导人的智慧而折服;我认真学习党史、新中国史、改革开放史、社会主义发展史,充实自己的思想理论基础。我加入了中国共产党,成为一名党员,我全心热爱党,忠诚奉献于党的事业。

仍记得在本科二年级时,作为学生干部,我参加了学院组织的赴井冈山红色实践活动。亲临革命先辈们奉献青春、抛洒热血的地方,我深深感动于革命先辈们的斗争精神和信仰的力量。作为与曾经的他们年龄相当的当代大学生，我们之所以能够生活在灿烂的阳光之下，是因为他们经受了黎明前黑暗的考验，而今，面对世界格局的巨变和中华民族伟大复兴的临近，我们肩负的责任与使命依然沉重，我们应当传承他们的精神，为国家的发展和民族的复兴贡献自己的力量。

学业水平

在本科的学习生活中，成绩是衡量学生学习能力的重要标准之一。学好基础知识、积累专业经验，是一名本科生的本职工作。四年以来，我始终认真完成课内学习。虽然，入学之初，我并未意识到打好知识基础的重要性，但很快，在身边同学的带动下，我端正了学习态度，课堂上集中精力听讲，课后及时复习，勤加思考，遇到难以解决的问题时，利用课余时间与老师和同学们探讨，以落实每一个知识点的理解和运用。

在此期间，良师益友是促进我进步的关键。每位任课教师都倾囊相授，耐心地解答我的疑问，肯定我的能力，并引领我开阔思路，带我了解专业领域的发展前沿。我在年级中结识的优秀同学们，成绩优异，勤奋努力，是来自五湖四海的佼佼者，他们谦虚好学，积极乐观。他们对知识的热爱和钻研的精神深深地感染了我，因此我加入了他们的队伍。我们一同探讨交流，相互鼓励，并最终成为挚友。

我以稳定的成绩被推荐录取为北京理工大学光电学院研究生。这既是对我本科四年学习水平的肯定，也是对我的鼓励与期望。未来，我将进一步走进科学的海洋，在学习的道路上奋勇前行。怀着不变的态度与精神，伴着一同奋斗的朋友们，我必将不负所学的本领，在专业领域创造佳绩。

实践活动

除了课内专业知识的学习，在本科的学习生活中，实践能力的锻炼也是不可或缺的。我积极参加学科竞赛和创新创业活动，结合实践检验自己的专业知识水平和综合能力；此外，我多次组织或参与社会调研与志愿公益活动，并在其中受益匪浅。

作为一名光电学院的学生，全国大学生光电设计竞赛是专业领域的重要赛事之一。在带队参赛的过程中，我组织团队、制定研究方案，与指导老师和队员们探讨问题，确定最终成果，学习能力、组织与管理能力均得到了重要提升。能够在短时间内学习新知、解决问题，既是一次挑战，更是一次锻炼。

此外，我连续两年作为团长带队组织暑期社会实践活动。我们结合全面建成小康社会和"十三五"规划的收官，开展了围绕乡村建设与治理的深入调研。在走进乡村的过程中，我们体会到了从校园走向基层、从理论走向实际的转变。"纸上得来终觉浅，绝知此事要躬行。"通过与村民们热切交流，走访各家各户，实地考察乡村建设，我们得出了有价值的结论并提出力所能及的建议。面对来自村委会的表扬与鼓励，回想起我们的汗水与疲惫，若干反复的探讨，对调研结果的深入分析……我们认识到实践的意义，也领会到实践的真谛。

在实践活动中，我扩展了视野，丰富了课堂之外的知识，综合素质得到大幅提高。实践始终是检验真理的唯一标准，是我仍需继续前进的方向。

学生工作

在本科四年期间，我先后担任了班级中的宣传委员、文艺委员和学习委员，具有一定的学生工作经验。其中，自小专业分流以来，我在较长的一段时间内担任学习委员。作为一名班干部，我以严格的标准要求自己，因而我在学业方面没有松懈，争做同学们的榜样，同时培养自己的集体意识和奉献精神，保持乐于助人的工作态度。学习委员的工作包括引领、维护班级学习风气，传达学业相关通知，联系任课教师，监督同学们的作业完成与成绩情况等。通过完成这些工作，我锻炼了自己在组织管理、沟通协调等方面的工作能力。我在帮助同学解决问题的过程中，也深深感受到帮助他人的快乐。

对于一名学生而言，参与学生工作是大学生活中重要的锻炼机会。能够在本科四年间为班级工作尽一份力，不仅是我难忘的经历，更是我在今后宝贵的经验。

集体生活

在大学生活中，每一个人都身处于集体中，无论是课堂学习还是日常生活。我与同学们朝夕相处，以集体为单位参与了多种多样的校内活动。集体生活培养了我良好的生活习惯，锻炼了我的个人品质，塑造了我的集体意识。

个性发展

在大学生活中，我的个性同样得到充分发展。本科四年的学习生活虽然充实忙碌，但为我们提供了广阔的发展空间。无论是学生组织和社团，还是课余时间的自我探索，我们都有着各种机会发掘自己的兴趣爱好。

在本科四年间，我不仅没有放弃曾经的兴趣爱好，而且在自己擅长的领域展示自己。从绘画、声乐到写作，我先后参加院校组织的多项活动与比赛，在陶冶性情的同时，促进了个性的发展，令我在课业任务和课余之间找到平衡，实现了良性循环。

本科四年的学习即将落下帷幕，此时是我们总结现况，反思问题，展望未来的重要契机。在未来的发展中，我将带着本科阶段的丰富收获，继续向着新目标勇往直前，实现个人的理想抱负，为国家与社会做出贡献。

秉持初心，不负韶华

信息与电子学院　闫凯嘉

韶华易逝，流年似水。2017—2021年，四年的大学生活好似一场盛大的演出，高潮过后终究迎来了闭幕。大学生活亦如一段旅程，背起行囊的那一刻便开始了我们的跋涉，不同的前进方向终归来到了同一个路口——毕业。站在毕业季的十字路口，回首往昔，这四年来的寒来暑往，1 400多个日日夜夜，个中滋味皆让我回味无穷。我将青春最值得留恋的四年留在了北理工，留在了我的大学，过往的每一段经历都是一笔财富，每一次历练皆为一种成长。四年大学生活，有着波涛奔涌般的汹涌澎湃、激情四射，也有着汩汩溪流般的宁静平和、耐人寻味。浪潮退去，沙滩上三颗珍珠熠熠闪光：创新、实践、服务。这是我的大学生活不可磨灭的印记，亦是贯彻我四年征程的亮丽风景线。

创新：路漫漫其修远兮，吾将上下而求索

在来北京之前，我对大学校园的印象只停留在影视剧和高中老师的只言片语中。踏入北理工，面对偌大的校园环境和目不暇接的大学活动，我却感觉无从下手，迷茫是这个时期我的突出特征。在大一上半学年接近尾声的日子里，转机出现了。

2017年年底，北理工进行了大学生创新创业训练计划申报，我第一时间找到了三位志同道合的朋友，决定尝试一下这个有趣的活动。项目申报阶段，我们选定了"智能消防机器人"项目，并获得了机电学院娄文忠老师的青睐。步入大二，课程压力陡然上升，学习任务紧张而繁重，但我们并没有放弃项目。我们利用课余时间对市场进行调研，研究前沿创新科技，遇到专业领域的相关问题，我们还特地前往良乡消防中队进行采访。

大二的暑假是我们最痛苦的一段日子，同时也为我们留下了最深刻的回

忆。临近中期汇报，我们遇到了巨大阻力，需要对机器人进行彻底的检查和维修，这也就意味着，我们的暑假可能要泡汤了。但大家没有被困难击倒，反而不约而同地选择了留校半个月，在热浪滚滚中完成了项目。

"竞赛是挑战，更是机遇，迎接挑战，把握机遇！"在导师的推荐下，我带领团队参加了创新创业领域的全球性赛事——iCAN创新创业大赛，突破重重考验，挺进决赛，与清华、北大等顶尖高校同台竞技，最终获得了北京市二等奖。我明白这只是个起点，绝非是终点。2019年新学期伊始，我们四人再一次聚集在了一起，在总结了第一次项目的经验和不足后，我们大胆地放弃上次获奖项目的研发，重新开辟新的项目。在大创计划的支持下，我们在短短半年时间内便圆满完成了项目，凭借"基于机械手套的VR实景操控系统"夺得了第十三届iCAN创新创业大赛北京市一等奖，并在第一届全国大学生智能机电系统设计大赛中获得优秀奖。之后的两年内，我们乘胜追击，一举斩获了"世纪杯"二等奖，申请了国家专利，并成功结题国家级大创项目。

一路走来，我曾经的迷茫已烟消云散，因为我在创新中找到了自己的兴趣所在，在合作中结交了志同道合的团队伙伴。创新的火焰已然照亮了我大学前行的道路，这其中必然不会一帆风顺，虽布满挑战与风险，但探索未知与战胜困难后的喜悦令我痴迷，那是一种难以名状的快感。

实践：纸上得来终觉浅，绝知此事要躬行

在德育开题时，我便明确了自己的大学生活：在学习中历练，在历练中成长，在成长中总结。"读万卷书，行万里路。"虽然科创竞赛给我带来了知识技能和荣誉奖项，但大学的乐趣还蕴含在书本之外的世界，需要在实践历练中去思考，在思考中领悟学习真正的目的。

寒暑假社会实践是学校赋予我们的一个极好的机会和平台，让我有机会能够接触到社会的方方面面，亲身体会社会发展，了解时代变迁。大一的一次讲座，我接触到了北理工1997级学长创办的北京易咖科技有限公司，之后大一到大三的四次社会实践中，我带领实践团队深入这家创新创业公司，与他们建立了良好的实践关系。在社会实践的过程中，常常需要跨越数十公里，甚至上百公里，奔赴实践地，鸡鸣时刻出发，披星戴月归来成为常态，但我乐此不疲。在与学长的交流和参观公司的实践中，我们总会发现专业相关的应用，也对自己的未来职业规划有了更加丰富的认识。最终，我获评2018年

学院暑假社会实践优秀奖、寒假社会实践优秀个人等奖项。2019年暑假，我再次带领团队，奔波于北京、河北两地，对"互联网+"等展开深入调研，我们队被评为学院重点团队。2020年是脱贫攻坚的决战决胜之年，虽因疫情无法进行团队活动，但我通过线上形式顺利完成了对家乡脱贫攻坚情况的调研，我们的实践报告被评为校优秀通讯稿。

社会实践成为我四年来寒暑假中不可或缺的一部分，我很感谢每一次的实践经历。在这个过程中，我的眼界得到了拓宽，增进了与团队成员的感情，它让我的大学生活充实而美好。

服务：奉献自己，照亮他人

大学四年，我认为自身最大的成就不在于获得多少奖项，也不在于取得多么优异的成绩，而在于我曾经为许许多多的人奉献过自己的力量。曾经我也是一个只为自己而活的人，生活的意义在于为自己营造更加美好的未来，可大二时，我的思想迎来了转变。

刚入大二，我接下了学长学姐的重担，留任学业指导中心办公室部长和学院大创基地运营部部长。虽然有过半年的作为部门干事的工作经历，但一下子转变为部长角色，让我产生了不适应和抵触情绪。学长在离开良乡的最后一天语重心长地对我说："学生工作的意义在于服务同学，你要时刻牢记呀。"在开展了几次助学活动和科创讲座之后，我深有体会。每次的活动，可谓是"台上一分钟，台下十年功"，常常需要经过数周准备才能公之于众。活动运营和后期工作同样烦冗而重要，熬夜成为那段时间的常态。但每当看到同学们踊跃报名的场景、参与活动的高涨热情、意犹未尽的面容、微信后台留言的赞美和高度评价，我便感到一切付出是值得的。之后，我成功竞选为大创基地副会长。在一次次与老师同学们的沟通交流中，我的领导能力和统筹规划能力得到了锻炼，目光放得长远了，看待问题也更加全面和完善。

学生工作虽苦，但繁重的任务让我更加明白自己岗位的责任重大、意义非凡。大二、大三两年，我曾参与北京理工大学数字迎新、徐特立奖学金回访等志愿服务，累计志愿时长150多个小时，同时参与了两次无偿献血。2019年6月17日，我加入了中国共产党，"为人民服务"成为我行动的信条。在2020年新冠肺炎疫情肆虐的第二周，我第一时间成为一名防控志愿者，为小区工作点提供物资保障，那里有许多和我年龄相仿的青年志愿者。这段志愿经历时间不长，但每一天都会有不一样的感动。我看到，在大批防疫物资同时运抵的时候，这些年轻人，满头大汗、气喘吁吁地扛着整箱的消毒液；我看到，有的同志即便是扭到手腕，也没有放下工作，依然兢兢业业；我看到，在离别的那天，每一位路过的小区居民都会对我们表示由衷的感谢。虽然面戴口罩，看不清这些志愿者的面容，但我能从他们忙碌的身影中体会到共同的情怀——担当和奉献。

成全他人也是成全自己，服务他人也在成就自我。无论是学生工作还是公益志愿，一次次的服务经历让我逐渐明白了何谓奉献、何谓责任担当。作为一名学生党员，我深知自己肩负的责任和使命，这会是我大学生活不可磨灭的深刻回忆，将指引我在前进的道路上为国家和社会贡献出更大的力量。

四年的大学生活，苦乐交加。在遇到艰难困苦之时，我总会想到"大学·青春·人生"讲座中学长学姐的奋斗历程。青春的底色是奋斗的红色，正如习近平总书记对青年的寄语："让青春在党和人民最需要的地方绽放绚丽之花"。大学生活需要丰富多彩，更需要脚踏实地。将青春比作一曲慷慨激昂的交响乐，那么拼搏、奋斗、坚持和汗水将会奏响这绝美的华章。四年韶华易逝，但我仍会秉持初心，不留遗憾地奋斗，无畏艰难险阻。

感谢大学四年，让我有了丰富而充实的生活；感谢四年中的老师、同学，一路相伴，不负相遇；感谢父母在我最迷茫困难时刻的理解和支持；感谢自己，选择了自己心中的远方，无惧风雨，大步向前，下一刻是未知，但我已做好了前行的准备。

天道酬勤，厚积薄发

自动化学院　杨思程

进入大学以来，我始终秉持高中艰苦奋斗的理念，在各方面严格要求自己，向着既定的目标努力前进。回首已逝的四年大学时光，在自身的努力、老师的耐心指导和同学的热心帮忙下，我获得了全面提升。下面我将回顾自己大学四年的经历，介绍自己的不足以及如何补足短板，同时展望自己的学业及职业规划，探索自己未来发展方向。

成长经历

（一）学习成绩

我始终铭记，作为学生，首要任务是学习。我从来不是最聪明的一个，但我一直在努力成为最刻苦的一个。进入大学以来，我在学习上从未松懈，始终坚持课上认真听讲，课后及时复习，并且主动向老师或同学请教不懂的问题。无论是酷热难耐的夏天，还是寒风刺骨的冬天，自习教室永远是我学习的主阵地。

大学以来我成绩优异，通过努力，我获得过小米特等奖学金、三星奖学金、北理学科竞赛奖学金、元六鸿远奖学金，以及五次一等奖学金和两次二等奖学金。大一时，我便通过全国大学生英语四级和六级考试，大二时通过全国计算机二级和三级考试。自2018年确认自动化专业后，每学期的综合排名均在前三，有12门课程成绩在98分以上，大学四年所有课程的优良率为100%。我们自动化专业课程的交叉设置使我拥有了较完善的知识体系，既打下了坚实的自动控制基础，又兼备了机械、力学、流体传动、软件工程等方面的背景知识。通过参加夏令营，我获得了上海交通大学、清华大学、中国科学院大学的录取资格，最终我选择在清华大学攻读硕士研究生。

（二）科研经历

除了认真扎实学习好各门课程外，我还参加了大创等科研项目。课程之余，我能静下心来做研究。刚进入大学校园，大一时便跟随李健老师主持校级大创"基于机器视觉的目标跟踪与自主打击的系统研制"，这是我第一次将学习的理论知识应用到实际问题中，也是第一次接触到机械结构设计、单片机、图像处理，该项目为我在人工智能方向上的研究打下了坚实的基础。大二时主持北京市级大创"基于 Delta 并联机器人的物品分拣系统"，通过对并联机器人控制电路搭建、运动学算法解算、双 PID 闭环控制、上位机界面设计，我掌握了低成本、高动态的并联机器人结构设计、高变化负载的 PID 参数设计和针对不同物品进行轨迹规划的关键技术。大三时主持校级大创"BIT-Walker 智能助餐拐杖"，主要研究目标是解决老人的外卖用餐问题，我主要负责机器视觉、语音识别。此外作为"智能陪伴机械狗"项目的核心成员，我负责机械狗的电路控制部分，此项目有一项实用型专利《一种凸轮联动式四足步行机》。大四时负责"一种慕课环境下的教师课程内容分析系统"，此项目有一篇 IEEE DTPI 会议第一作者论文。

参加科研项目锻炼了我的责任心、意志力和沟通协作能力，提升了我各方面的潜力，从搜集资料、动手制作到准备答辩，每一步都是考验。在这个过程中，我也收获了不少，学到了很多。我学会了一步一步摸索出规律和解决办法，学会了很多专业课上学不到的东西，这是一个艰辛但是收获颇丰的过程。因为这些科研经历，我也取得了一些奖项。

（三）竞赛奖项

我参加了北京市大学生物理实验竞赛并获得一等奖，主要负责查阅相关论文、数据处理以及总结归纳，这锻炼了我克服困难的毅力和决心。此外，带领团队参加中国高校智能机器人创意大赛并获得三等奖，在比赛的过程中我锻炼了发现问题、设计实验和科研表达的能力。我参加了全国大学生数学建模竞赛并获得二等奖，参加了美国大学生数学建模竞赛并获得特等奖提名。数学建模是一项具有挑战性的活动，我愿意付出一段时间去思考和解决一个不熟悉的问题。作为队长，我组织规划了赛前的学习准备，在赛中控制进程，这也让我收获了组织实施的能力。作为核心成员，我参加了北京市大学生机械创新设计大赛，取得了一等奖，这个比赛让我对机械设计与电路控制相结合有了进一步的理解。

除了国际级、国家级和省部级的奖项，学校的活动我也积极参加。在校期间，我获得过一次"世纪杯"一等奖，两次"世界杯"二等奖；我还参加了北理工电子设计竞赛、机械创意大赛、程序设计赛、3D打印大赛、平衡车大赛、智能宿舍大赛、单片机开发大赛等活动，均取得了较好的成绩。

（四）综合能力

1. 学生工作

大一时，我担任班内宣传委员。大二专业确认后，我担任了班长。工作上，我态度端正、认真负责，努力营造班级的良好氛围，积极组织各班委开展班级活动，促进同学们之间的感情。我们大一时获得自动化学院篮球比赛第一名，大一与大二都获得了自动化学院排球比赛第一名。一年的尽心尽职，我的工作得到了大多数同学的认可，我也荣获了学校"学生领袖榜样""优秀学生干部""优秀学生标兵""优秀学生""优秀团员"等荣誉称号。

思想上，我锐意进取，积极向党组织靠拢。2021年起，我担任自动化学院2017级本科生第一党支部组织委员。大一时，我便主动向党组织递交了入党申请书。党校培训期间，我认真学习党的有关理论知识，顺利拿到了党校结业证书，成为一名入党积极分子。现在，作为一名党员，我会定期进行自我反省，及时找到自己的不足并加以改正。在日常生活中，我从身边的点滴做起，用心提高自身素质和修养，服务同学，服务社会。

除了党支部、班级的工作，大一时作为学院学生会的一员，我扩大了社交圈子，拓展了人脉关系，锻炼了交际沟通能力。这些学生工作让我具备了较强的组织潜力和管理潜力，能够更好地团结同学、服务社会。

2. 社会实践

每年寒暑假我都积极参加学校组织的社会实践活动，均取得了较好的成果。2018年寒假参加思源计划前往湖北省荆门龙泉中学宣讲；2018年暑假赴甘肃省渭源县社会实践；2019年寒假做家乡文化调研，获评社会实践优秀个人；2019年暑假赴西班牙马德里理工大学交流学习，获评校院重点团队。2020年暑假本来计划前往马来西亚理工大学进行交流学习，因为疫情取消。

特别值得一提的是，在"重走习近平总书记扶贫路"社会实践中，作为实践团的负责人，我曾带领团队采访渭源县扶贫办主任、元古堆村村主任，带领团队去渭源县元谷堆村体验。我们的实践活动得到社会各界人士的大力支持，并被中国人民网、中国青年网、光明网、北理新闻网、躬行路公众号、自控青春公众号等媒体所报道……我们团队被团中央学校部授予"最具影响好项目""优秀实践团",我也被授予"优秀个人"的称号。这些实践活动充实了我的大学生活,开发了我的潜力,拓宽了我的视野,使我受益匪浅。

3. 志愿活动

我始终践行知行合一、回报社会,累计志愿时长超过 180 小时。我参加了自动化青协举办的流浪猫狗服务、福港敬老院服务、紫竹院垃圾分类培训、校友返校引导等活动,护航者协会举办的民仁支教、元旦联欢会等活动,微尘举办的图书馆上书活动,延河之星举办的"一二·九"合唱志愿者、中乙足球联赛志愿等活动,阳光服务队举办的北京南站迎新活动,基金服务队举办的疫情期间为医护人员子女线上助学、北京春晚录制志愿者等活动。

4. 文体活动

在校期间,参加了首都高校第七届徒步大会,我们团队获得团体三等奖;参加时代新人说——时事论坛,获得优秀奖;参加院篮球赛,获得团体第一名;参加排球赛,获得团体第一名;参加院运动会,获得团体第二名。我还参加了深秋歌会、"良乡杯"篮球赛、校运动会方阵、院趣味运动会、人文知识竞赛、自动化学院红色短剧风采大赛、"延河杯"乒乓球赛活动……这些丰富的经历赋予我学会取舍、平衡角色的能力,让我能高效率地完成每一项任务。

5. 实习经历

除了积极参加文体活动,我也积极参加实习项目。我曾前往埃斯顿(湖北)机器人工程有限公司电气部实习,负责机器人软件平台搭建和功能的模块化以及工程项目的标准化电气设计及编程;在沈阳机床有限责任公司进行学习参观;在 BIT 节能车俱乐部暑期实习。这些实习经历让我感受到了校内书本知识与社会工作中的差异,增强了我的动手能力、团队协作能力、专业技术能力和对社会的认知能力。

努力方向

(一)自身不足与改进

1. 生活

希望能够勇于在艰苦的环境下磨炼自己。吃苦是一种人生历练,是一种经验和智慧的积累。"梅花香自苦寒来",在艰难的环境,才能更清楚地认识自己、磨炼意志。希望能够把艰苦环境作为磨炼自己的机遇,不惧艰险、不辞劳苦,不断磨砺自我、提升自我、艰苦奋斗、汲取营养、增强本领、陶冶情操、增长才干。

2. 学习

希望培养承担重大项目的能力。本科阶段的学习以打基础为主,希望未来能够提高创新能力,提高发现问题、解决问题的能力,培养独立自主承担大项目的能力。

(二) 未来规划

未来我将就读电子信息专业,研究方向是人工智能领域内的自然语言处理。通过目前的学习与实践,我深刻地认识到要继续深造,需要具备系统思维和创新思维、良好的团队合作精神,不断掌握新知识、新技能,所以研究生阶段,我将着重在以下三个方面继续努力:系统深入学习专业课,为人工智能的学术研究和工程应用打下扎实的理论基础;跟随导师研究相关课题,阅读大量文献及学术报告,紧跟人工智能研究方向的发展动态,开展课题研究与论文写作,同时加强英语知识的学习,提高英语水平;参加各种学术交流,结识更多良师益友,在实践中更加系统地学习相关知识,从更综合、更全面的角度理解各种问题,解决实际问题,以期学以致用,为我国未来发展做出贡献。

总结

回顾过去,辛苦与收获同在;展望未来,机遇与挑战并存。我会坚持自我、无畏挑战,不惧未来道路中的艰难险阻。我坚信:在自我人生的舞台上,每个人都是唯一的主角。只要够努力,每个人都能把这出舞台剧表演得精彩绝伦,获得台下如海水般汹涌袭来的喝彩!我会继续在各个方面更加严格要求自己,努力成为更好的自己。

感谢北京理工大学!感谢自动化学院!感谢我的同学朋友们!感谢我的家人!感谢大学四年帮助过我的所有人!感谢我自己。余虽愚,卒获有所闻。大学的生活不可能说完美,但能说满足,努力过后,最后也能轻描淡写地说上一句:我不后悔。

翠色的青春

自动化学院　马文轩

一首名为"青春"的歌词这样写道："总有一天会逝去的吧，这翠色的青春，就像开了又谢的花瓣一般。"而我一去不返的翠色青春中的四年光阴，在北理这翠色的、古老而又年轻的校园中挥洒。此刻行将毕业的我回首望去，除淡淡的不舍外，是浓烈的幸福和骄傲感，因这翠色的青春已满载美好的回忆。我会认真地将回忆之海中最珍贵的珍珠拾起并陈列于此，作为我大学生涯中成长与收获的见证，亦算作与这段青葱岁月的优雅别离。

见真理

在我大学四年的生活中，学习求知依然是最主要的部分。我将大部分时间投入对新知识的学习和探索中，从这些经历中，我体会到了求知的不易和收获的喜悦。在这一节中，我将主要回顾自己在这四年追求真理的过程中刻骨铭心的经历，以及这些事件带给我的成长。

（一）C语言小游戏开发

大一下半学期的C语言编程，采用团队开发小游戏的形式进行。尽管距今已经过去三年有余，但每当我回顾这段短暂却充实的游戏开发经历，各种场景依然会一一清晰地浮现在眼前。作为团队中的技术指导，我必须带领我们团队攻克游戏制作中的一个又一个难题，这给当时C语言编程实践极其匮乏的我带来了很大的挑战。首先我们遇到的一个重要问题就是游戏场景的构建。我们计划做一个有多重关卡的闯关冒险类游戏，因此每一关的游戏场景的构建就很关键。然而，利用老师举例推荐的场景构建方法，场景中的每一个基础形状都需要以坐标形式输入才能正确显示在游戏画面中，这样就导致设计复杂关卡时的工作量巨大，难以进行。经过集体讨论，我们决定改用绘图软件直接将静态的游戏场景作为背景画出来，以载入图像的方式呈现到游戏界面中，这样能够极大地提升场景制作的效率。随之而来的问题是载入的静态图像如何与游戏主角进行交互，即如何去判定主角撞到了背景上的尖刺而触发关卡重启事件。经过长时间的思考与讨论，我们最终想出了利用稍微改变尖刺边缘的颜色，从而使用颜色判定撞击是否发生的方法，而这只是我们在短短几周内攻克的许多技术难关中的一个。在那段时期，每一次面对难关的讨论以及想出解决方案后的反复代码调试，都在无形中增加我的编程能力和对编程的热情，锻炼我的沟通与协作能力，增强我面对未知难题时挑战和创新的勇气。如今看来，所有这些都是我后续求知道路上的翅膀。

（二）面包自动识别结账——计算机视觉初探

对计算机视觉的不断探索贯彻了我的整个大学生活，从最初因大创活动而与这一领域和 OpenCV 开源库产生了交集，到如今以听众身份参与视觉社区组织的论文分享会，学习基于深度学习的视觉前沿。其中，以面包自动识别结账为背景的研究伴随我度过了学习计算机视觉经典算法、编写简单代码处理视觉图像的阶段。尽管都是面包类的识别任务，在不同的阶段，研究的图像内容是不同的。最初是一段刚出炉的一盘蛋挞的视频，其后是一些视频和图片制作的小型数据集，最后是一个背景简单但面包种类更多的数据集。针对不同的图像数据，我尝试了不同的处理方法。最终我和组员一起完成了一个可以进行简单面包识别的自动售货机，它能够识别出镜头捕捉到的画面中的所有面包糕点并计算总价。这个项目的完成让我初尝到了科研成功的喜悦感，也引领着我走向计算机视觉前沿问题。

（三）动态迁移神经网络——深度学习初探

21 世纪的第二个十年，是深度学习蓬勃发展的十年，而我在这十年的尾声，也搭上了这趟飞驰的列车。利用深度学习的方法解决计算机视觉问题是一大热门研究方向，也是我进入实验室后研究的方向。学长带领我在多出口网络的基础上增加小型神经网络，以此提升网络的迁移性能，这是我进入实验室后的第一个研究课题。因此，我开始大量阅读深度学习、神经网络、视觉任务上的迁移学习等方面的论文，开始紧跟这些领域的学术前沿。在科研旅途上，失败是避免不了的，困惑也是难免的，但零星的成功带来的喜悦是无可比拟的。进入实验室后的我体会到科研之路比我想象的要艰辛，也体会到每一个科研成果背后巨大的付出，但还是仿佛命中注定似的爱上了科研，爱上了凌晨行人渐稀的回寝路上的自言自语，以及一个通宵后的新食堂里热腾腾的豆腐脑。

就是这样，在北理工的学习生活使得一条探索真理的道路在我眼前愈加清晰，我决心沿着这条探索真理的路途继续走下去。

见世界

除了学习自身专业领域的知识，我在扩展其他领域的眼界方面也有了一些进步。读了几本书，行了几里路，而且还发展了一些兴趣爱好。

（一）读书和出游

在学业还不是特别繁忙的大一、大二，我有幸邂逅了几本好书，也游历了祖国的一些壮美山川。

《杀死一只知更鸟》中的父亲温暖的家庭教育，《风之影》中少年关于书的执着探险，《钟表馆》和《无人生还》中令人不寒而栗的诡计，等等，都陪伴我度过了一段段难忘的阅读时光。

我到过塞罕坝草原连绵成片的林场，那些在深邃的夜空下的一排排高大的树丛显得无比巍峨壮美，仿佛就是初到此地的那些植树造林、治沙防沙的英雄们坚毅的背影。我还拜访了天府之国的成都，被地道的牛油火锅辣得涕泗横流，却吃得无比开心，被都江堰的精妙设计深深震撼，被杜甫草堂前的孩童们高声吟诵的《茅屋为秋风所破歌》莫名打动，被大熊猫的憨态逗笑。更重要的是，成都之行的我，陪同台湾的大学生们参观游览祖国大地，在并不漫长的相处时间内增进了彼此的友谊与了解，为两岸的友好交往尽了一份绵薄之力。我还与室友一起在夜里攀登泰山，跟着熙熙攘攘的登山人群心无旁骛地向上攀登，并不觉得时间漫长、四肢疲惫；裹着借来的军大衣在泰山绝顶瑟瑟发抖，焦急而满怀憧憬地等待着红日从云海中升起的时刻。这些祖国大地上的奇异美景，与一起出游的朋友们愉快的相处记忆，都让我时刻感到无比留念，并满怀再次踏上新的旅程的渴望。

读书和出游带给我开阔的眼界，让我认识到在空间与时间上自身的渺小，也让我因这渺小更加体会到点滴光阴的可贵，更珍惜过往和将来生命中所有的美好。

（二）发展兴趣爱好

在空闲时间，我发展了新的爱好，提升旧的爱好。我重新拾起了高中荒废的电子琴，加入了一个乐队，最终在大二的北湖音乐节留下了令自己满意的一笔。乐队中的电子琴更注重和弦与其他乐器的配合，与以往的独奏方式不同，为此我付出了许多时间学习和弦技法，也因此收获了欣赏音乐的另一种视角。通过关注电影类公众号，我对国内外的电影文化有了更加全面而细致的了解，我的观影兴趣也从欧美的动作大片转向了描绘细腻情感的叙事片。通过戏剧欣赏的选修课，我对中外经典戏剧又加深了理解，尤其是法语音乐剧《巴黎圣母院》中的唱段令我回味无穷。

大学四年，世界在我眼前展示了更宽广的可能性，让我为之神迷。在探索更广阔世界的过程中，我有幸结识了更多的知己，也增加了对生活的更多热爱。略有遗憾的是，大三、大四时，由于学业渐忙，无论是读书还是出游的次数都大幅减少，这大致还是由于自身的时间管理不够好。希望在不久的将来，我能再次找到机会捧起一本书、踏上一段路，在世界的另一个角落徜徉。

见自己

所有外在的收获最终要内化为成长和沉淀，在成长和沉淀中更加认清自己是怎样的自己，在对自己过往人生的反思中找到今后的奋斗方向。因此我想，对北理工的四年的回顾最终还是要落到对自身的反省。

（一）平凡却幸运，脚踏实地

在大学里，我学到了更多的知识，见到了更多的人，也愈加清晰地认识到自己的平凡。我并不像有些人能同时做好很多件事，也不像有些人能快速理解知识的本质，还不像有些人能广结好友。我会拖延，会被很多同时到来的事情搞得手忙脚乱，会苦苦思索问题的答案而不得其解，亦会控制不住自己的小脾气而伤了身边的好友，和许多平凡的大学生一样。但我是无比幸运的，能够进入国际班这个优秀的集体，能够有三五个知己好友推心置腹，能够发现我真正热爱的学术方向。因为认识到自己平凡，我不会去做好高骛远的梦，不会去许不能实现的承诺，不会去想着有朝一日能够出人头地，只会努力地分配好自己的时间，花更多的时间学习知识、丰富自己，珍惜每一份亲情、友情与爱情。

（二）目标笃定，努力前行

北理工四年的学习生活，让我能够在迷雾中找到并不朦胧的前路：往小了说，是脚踏实地，做出真正有意义的学术成果，在追求真理的路上永不停歇；往大了说，是不断提升自己的知识水平、境界修养，使自己成为更好的自己，并因此影响身边的人成为更好的他们。北理工的教育让我无比明晰了这一点，并给我以极大的勇气和信心努力前行。

指间流逝的青春

化学与化工学院 李中泽

从那个踏进校园的细雨蒙蒙的早上开始，与你相遇——北京理工大学。理想中的大学生活，每天踢球，踢完球和兄弟们一起去买一瓶水，晚上疯狂补作业，早上赶早课，参加社团活动、各种比赛，坚持做自己喜欢的事，谈一场恋爱，等等，会是这样吗？疑问埋藏在18岁少年心中，变成喜悦和期待，在那个细雨蒙蒙的早上被带进了良乡东路8号院。

与君相识，在"懵懂"的清晨

"懵懂"这个词，一直都在用。初中写作文的时候说小学时候的自己"懵懂"，高中的时候说初中的自己"懵懂"，现在大学毕业，又要说刚上大学的自己"懵懂"。虽然这看起来很矛盾，但我更愿意这件事一直发生，说明我一直在向前走，没有虚度年华，浪费本就短促而一去不返的青春。

如果大学四年的生活可以用一幅画来描述，那初入校园的我就是那张白纸。什么都没有，但笔在我手上。我愿执笔写下第一个词："相识"。

那天早上的北京下着蒙蒙的小雨。那时我住在北京的西北，到良乡大概有两个小时的车程。赶着上午的迎新，早上6点天色微暗时，我就拿着行李坐上了车。雨点打在车窗上，车窗上布满雾气，我看不清外面的路。但我也没有往外看，一直在心里想着该怎么度过自己的大学生活。就像是开始一场旅行，要给自己做一个周密的计划。学习、社团、运动、爱情，大概如此。虽然家在北京，但我也明白，上了大学，回家的时间会越来越少，离家也越来越远了。

想着想着，学校就到了。首先映入眼帘的是北理桥。第一次看它觉得只是一座普通的桥而已，只是外形设计得比较奇怪，但不曾想以后每次远归看到这座桥，就有了到家的感觉。后来我才明白，之所以喜欢校园，并不是因为它好看,而是因为有着千丝万缕的感情。走进校园,大学生活开始,充满期待,我是主角,我们是主角。

与君相识,在很多很多"第一次"

(一) 第一次进实验室

我真正开始走入科研领域是在大一下学期,是在接受了系统的训练后。我曾在天亮前起床奔赴实验室,也曾在深夜拖着疲惫的身体走回宿舍。但我更愿意把"第一次"进实验室说成大一上学期的大创。

那时大创的题目还不多,听着台上学长耐心讲述,我暗自已经把大创看成进入科研领域的第一步。印象最深的是老师的"不要忽视实验中的任何一个现象",这句话伴随了我四年的几十个实验。每周有两个晚上在化学实验中心做实验,课题为"纳米贵金属/石墨烯复合材料的制备及光谱特性研究",我从简单的制备实验开始,而制备实验从简单的配制溶液开始。我把高中学的所有做实验的要点都体现在了操作上,虽有些费时费力,但更多的是满足,对实验越发感兴趣。课题的第一步也是进展最顺利的一步,合成了银纳米。

但后来没想到一个 pH 计几乎浪费了我一半的实验时间。实验需要配置缓冲溶液,需要 pH 计检测溶液的 pH 值。我对 pH 的印象仅停留在高中学的一小部分内容上,不会用 pH 计。我们花费了很多个晚上调仪器、配置溶液,等我们终于学会怎么用的时候,距离期末只剩下一个月了。第二步是合成石墨烯,需要用到电化学工作站,我们更是一头雾水,只能机械地重复文献中的操作,不懂原理,也不知道结果。终于在某一个晚上,观察到了预期的现象。我激动地又是在纸上记录,又是拍照录像。那天晚上实验室里只有我一个人,我迫不及待地把视频分享给其他同学,有种"山重水复疑无路,柳暗花明又一村"的感觉,距离真正的石墨烯,"只差一次表征"。

但没想到的是,这一步竟是这个项目的重点。实验中心的实验室不能再使用,我们被迫把所有器材搬到一个新实验室里。新实验室虽然仪器足够使用,但每一个都需要我们自己重新熟悉。尤其是我们没有把之前的 pH 计拿走,被迫使用另一个型号的 pH 计,又开始了几个晚上的调试……临近期末,时间越来越有限,于是这个学期的工作只能到此为止。新学期开始,就要紧锣密鼓地开始写材料。当时申报课题的时候只报了校创,只有两个学期的时间，再加上很多材料要提前写，真正到第二个学期已经没有太多时间做实验了。而且新的实验室能做实验的时间更少，规定更加苛刻，和其他事的时间高度重合，实验也就没有再继续进行了，甚至连一个结题都没有完成。

至今仍记得那个晚上，看到了自己想要的现象，从实验室走出来，天上下着雪，我在操场上踩下属于自己的一串脚印，励志一定不能虚度最好的青春年华。虽然这次大创失败了，但仍是我进实验室的第一步，让我真正对实验开始感兴趣，想探索更多未知的领域。如今即将毕业，回首这一次大创，确实是非常遗憾，或许唯一的想法就是，如果还有机会，想再和大家一起把这个课题做完。

（二）第一次参加乐团排练/演出

乐团是我在大学四年最难忘的一段经历。从大一到大四，除了考试外，没什么事比每周日的乐团排练更重要了。我喜欢音乐，参加乐团也算是一件喜欢做的事。遗憾的是，因为大一时不关注通知，不仅错过了"百团大战"，也错过了乐团的招新。好在一位学长愿意单独给我面试，让我有了进乐团的机会。

虽然学音乐十几年，但并未在交响乐团排练过。周围的人全都是特长生，有过乐团经历，但对我来说一切都是陌生。我认真听着每一个音符，根据音乐感觉找自己的位置，根据指挥的手势理解节奏的突变。每周日的下午，纵使学业繁忙，纵使不能参加让我一直遗憾的 iGim 大赛，我也要抽出几个小时的时间感受音乐。我渐渐找回了以前学音乐的感觉。

乐团每年至少要举办两场音乐会，我第一次演出是在 2017 年年底。平时训练就非常认真，几个小时不看时间的我，在舞台上感受到了音乐的隆重和庄严，仿佛回到了 18 世纪的欧洲礼堂。穿着西装的我虽然坐在后排，但也一直在紧张，怕自己"冒泡"，破坏了音乐会的效果，全然忽视了舞台上的仪容仪表。坐姿不端正，面部表情紧张，小动作多，一切都被摄影师录在了视频中。最后大家晒照片时竟没有一张照片里的我是正常的。

第一次音乐会是最难忘的。往后虽然我的技巧更加熟练，经验也更加丰富，但在舞台上对音乐的态度都不如第一次音乐会庄重了，虽然多了对自己的要求，还会听出别人演奏的问题，但少了对音乐的感受和尊重。

在乐团一待就是四年，总共参加了七场演出：一场在中关村体育馆，两场在新食堂顶层，两场在国图音乐厅，一场在工信部，一场在良乡南操场主席台。见证着圆号声部从第一年的一个人到第二年的三个人，到第三年的四个人，到第四年的五个人，到我即将离开后又回到一个人。对乐团难以割舍的情怀转变为几百页的谱子。在第一次演出前买了一个几百页的谱夹子，想着一定不会用完，但没想到，第八次演出还没开始，谱夹子就满了。从前往后翻全是演过的曲子的谱子，上面有一行一行的标记。

（三）第一次支教

上大学之前我根本不知道大学生还能去支教，对支教的概念停留在毕业后去山区当老师。我是在大二暑假去支教的。上大学后看到越来越多的同学分享自己支教的经历，我励志自己一定要在大学期间参加一次。大一暑假觉得自己没有类似的经验，不能很好地完成支教任务，甚至不能参与学生组织对于支教队的选拔。所以大一暑假在校内担任夏令营的志愿者，积累经验，准备大二奔赴山区。没想到大二暑假是我至今为止最忙的一个暑假，调研、支教、暑期学校、社会实践，我几乎没有休息时间。

支教地是辽宁省葫芦岛市南票区缸窑岭镇，算是当地最穷的镇。第一天到的时候，当地的景象是从小在北京长大的我所无法想象的。住在学校，晚上没有洗澡的地方，只能去镇上的澡堂，而我们没有经费，就只能自己准备热水洗；跑遍全镇买不到一双拖鞋；睡觉只能用睡袋；一个晚上打死了十几只苍蝇；寄快递送不到，只能用邮政，还要走很远才能拿到……

就是这样的一个镇，生活着一群善良可爱的孩子们。我们支教的学校是镇上唯一的初中，十里八乡的孩子们都要来这儿上学。有的家就住在学校门口，有的要走十几公里才能到。孩子们在上课时太过热情，要花很长的时间解决纪律问题。白天作为上课场所的教室，晚上就变成了我们的办公场所。备课、做推送、写报告、打扫卫生，忙碌的一天就这样结束了。晚上走出教室，坐在漫天繁星下聊着一天的经历和大学生活，忙碌之中多了几分惬意。

在缸窑岭镇除了支教，还要调研，调研当地经济状况。当地本身盛产钼矿，但由于采矿不规范，导致大量工人及村民患上难以医治的尘肺病，无数家庭深受其害。停止采矿后，种植的农作物又没有大量盈利，当地便失去了经济支柱，目前只有依靠每两天一次的大集、寺庙发展旅游业。村里的小学杂草丛生，早已废弃，黑板上写着"读书"二字。村外是漫山遍野的玉米地，望不到尽头。不知道孩子们在这玉米地里会不会迷路，但我相信他们终有走出这玉米地的一天，看到山外的世界。

我们引入一些有趣的内容，包括语言、武术、体育、电影赏析等。我负责给他们做化学实验。在都市孩子眼中平凡无奇的事物，他们却从来没有见过。

偶然在一个中午,和一个男生聊了很久。他家里的经济条件很差。年纪轻轻就要担负起养家的责任,初中毕业就不再念书了,但他成绩特别好,又渴望进一步学习。他有可能成为一名科学家、一名企业家,在社会上成为一个举足轻重的人,也曾拥有过伟大的梦想,但最终选择了生活,担负起了另外一种责任。这种人也值得敬佩,也是国家所需要的。无论如何,希望他以后能在自己的路上安稳地走下去,某种意义上来说,他也是英雄。当年的那群孩子,现在该上高中了,但镇上没有高中,要到一百多里外的区里去。

短短十几天的支教,每一分每一秒都历历在目。那是一段艰难的日子,连吃饭、睡觉、洗澡都是问题;那是一段美好的日子,大家在一起生活,克服了一个又一个困难;那是一段承载梦想的日子,我们把梦想送给了他们;那是一段成长的日子,我明白了肩上担负的国家发展的重任。我希望支教活动越来越多,能有更多贫困的小朋友得到帮助,我也希望支教活动越来越少,他们不再需要我们的帮助。

(四) 第一次出国

支教结束后,经过6天的短暂休整,我就奔赴英国剑桥大学、牛津大学参与暑期学校新工科主题课程项目。第一次参加国外高校的暑期学校,心中难免有些紧张。

第二天开始在剑桥的生活。听知名教授们做了几场报告,讲述了在剑桥的生活,深感国外生活的开放性,使得不同专业的人之间的思想可以得到充分碰撞交流。此外,剑桥本身是一座城市,各个学院、教学楼分布在城市的各个角落,别有一番风味。永远不知道角落里某个不知名的酒吧已经有了多少年的历史,也不知道路过的实验室有谁曾在里面做过实验(如卡文迪许实验室),甚至不知道脚下的地砖有多少伟人踩过。就是这样一个城中校,让我真正感受到东西方文化的差异。参观了著名的国王学院,看到了"再别康桥"的原型,走过了一个又一个实验楼,用蹩脚的英语和衣服店亲切的大叔交谈,给了我完全不一样的体验。

与君相伴,在"第一次"变成"第二次"

很多事在四年里会经历很多次,如考试、实验、学生活动、志愿活动、乐团演出、微积分课等,经历过很多次以后已然没了最初的新鲜感,取而代之的是习惯、熟悉，变得不那么珍惜。绝大多数人只会记得第一次和最后一次，中间的过程就不再记得了。大学时光，从指缝偷偷溜走。

（一）第二次走进疏桐 D 地下室

在少数几个能记得住的"第二次"，走进疏桐 D 地下室算是记得最清楚的。大一的时候参加模拟政协提案大赛，想向学校建议在宿舍楼的地下室增设学生活动室，改造一个练乐器、练舞、排练话剧的场所。第一次走进疏桐 D 地下室时，里面堆满了废旧自行车，上面盖了不知道多厚的灰。

升到大四后，某天偶然路过，发现那里已经被改造成了"求是社区"，真的变成了学生活动室。虽然不是给乐团用的，但也能在不打扰其他人的前提下练习乐器。看到学校能逐渐变好，心里也非常高兴。

（二）"第二次"走进理教

其实"走进理教"这一动作已经发生过无数次了，但说是"第二次"，是在某一个假期后，回来发现走廊里摆上了许多桌椅，供同学们学习、讨论。记得在大一的时候，想在下课后和其他同学讨论问题只能去生态楼，多么希望理教楼道里能有这一个空间。看到这样的改变，真心感谢学校在校园建设方面做出的努力。课前自习、课后讨论，甚至深夜自习，尽管多数教室都在上课，但总能在楼道里找到属于自己的一个位置，坐下来安静做自己的事。

（三）"第二次"走进生态楼二层

大一时的生态楼二层虽然可供学生自由活动，但也仅仅只有几张桌子、几把椅子罢了。在那个理教楼道里多了桌椅的暑假，生态楼二层也悄悄被改造了，变成了温馨、能体现"化学特色"的休息区。做毕业设计时偶尔会通宵，深夜也会到二楼的沙发上小睡。举办的种种活动历历在目，这方寸之地成为我在理工大学的另一个"归宿"，每次看到，也像是回了家一样。

与君相别，在"第一次"变成"最后一次"

四年转瞬即逝，到了离别的时候，时间之快，确实仿佛昨天才刚刚入学。仔细一想，走过了小学、初中、高中，又走过了大学，即将进入枯燥的博士科研生活。青春貌似已经结束。有人说大学是人生中最美好的时光，什么都不懂，却有最美好的回忆。不知不觉，很多第一次变成了最后一次。和很多人说过再见，和很多地方说过再见，有些事只属于大学，有些事虽然以后也还可以做，却不再是大学那个我了。

（一）最后一场考试

临近毕业，本来想着最后一场考试能有一些仪式感，找找大一的感觉。早早去到考场自习，买一杯咖啡，慢慢品味考场氛围，正式告别大学生活的最后一场考试。没想到，最后一场考试竟是大学中最匆忙的一场考试。

本以为日语课的考试像大一的英语课一样，所有人在一个大教室里，有听力、选择、写作。然而作为实践课，考试也没那么难，考试的形式为线上考试，只有选择题。当天18：30考试，18：20我竟还在生态楼改论文。匆忙赶到教室时，已经18：28了。刚好考试开始。试题意外地简单，15分钟就结束了考试。我跟着其他同学走出教室，心想大学期间最后一场考试就这么结束了，如此突然让我没反应过来，也没有什么仪式感，考完试也不能放松，还要通宵写论文。很遗憾，我欠这场考试一个"仪式"，而等我真正闲下来的时候，最后一门考试结束的感觉也早就不复存在了。这像极了在大学忙来忙去，无心品味生活的我们，既是好事也是坏事。

（二）最后一次实验

最后一次实验，是在大四上学期。其实本来最后的实验课应该安排在大三下学期，但疫情使得大家都在家上网课，实验课也就无法进行，自然就要等到大四来补了。于是大四非常忙碌的上学期（10学分的选修课＋考研＋两门实验课共21天实验＋毕设开题）也成了2017级的一个标志。实验课一个接一个，一天接一天，竟让我连写预习报告的时间都没有，最后一次实验课也成为我的预习报告最没有认真写的一次。最后一次实验的内容也非常简单，称量样品放进仪器等待测试结果就可以了。13：20开始实验，15：00左右就结束了。毕业设计做纯模拟的我，大学期间可能再也无法走进实验室了。以前实验课上做实验，我总是失败。有机、物化实验几乎没有成功过，找不到原因，也曾在实验中心的厕所放声大哭。在课题组做实验时，也曾在实验室奋斗至深夜，天没亮就再次启程。生态楼三楼的一个不起眼的实验室里发生了很多事，换了一批又一批人，只有我一直还在。然而这次我也要离开了。

（三）未曾经历却即将经历的最后一次

写下这篇文章的时候，距离毕业还有不到一个月的时间。还有很多"最后一次"没有经历，比如最后一次在食堂吃饭，最后一次走上北湖的桥，最后一次走进教室，最后一次和某人说话，最后一次刷一卡通……虽然还有一段时间，但也已经走到尾声了。或许这些事明天就会发生。

悠悠岁月长

又一次回到那个细雨蒙蒙的清晨，到底什么是我理想中的大学生活？我所经历的大学生活，并不惬意，并不放松，有无数个奋斗的日日夜夜。大学的美好不在于轻松，而在于拼搏中悄然流逝的时间，回忆的美好不在于单纯的快乐和难忘，而在于自己做的每一件事都很有意义，虽有遗憾，但不后悔当年的选择。

我并不认为自己的大学生活有多么丰富，也并不认为四年的努力换来去清华直博的机会使我比别人站得更高，走得更远。每个人的故事都是不可复制的。没有优秀与不优秀，只有不同的选择，相信每个人都有过有意义的时候，也有过颓废的瞬间。

四年过去，自己长大了许多，成熟了许多。大一时还是那个遇到问题就会找家长发牢骚的人，回家还会发脾气，永远不会给家里输入正能量，虽然家在北京，但因为学业繁忙而无心回家，端午节、中秋节也更愿意自己在学校过。但慢慢地，我开始承担家里的一些事了。周末无论多忙也要回家看看，陪家人聊聊天，陪他们出去转转。或许那个年轻叛逆的我已经渐渐远去。

清清延河水，悠悠岁月长，写完这篇文章，离毕业又近了一天。身边的人越来越少，大家即将奔赴远方。最后的大学时光也在悄悄离去。但结束并不是结束，而是下一段故事的开始，这个校园里的主角不再是我们，而是一批又一批刚入学的新生，而我们即将各奔东西，散作满天星。

以此纪念走过的大学四年，希望所有的青春都不被虚度。

不畏前路，坚定成长

生命学院　唐佳鑫

时光飞逝，我还没细细体会，大学四年就已到了尾声。2021年的今天，我仍记得2017年8月自己刚踏入北理工校园时青涩稚嫩的模样。回首四年，有眼泪，也有欢笑，有友谊，也有爱情，困难挫折不断，但翻山越海后也收获成长。愿我将这些美好回忆细细珍藏，但也仍怀着炙热滚烫的心，继续奋勇前进。

回顾与成长

犹记德育开题时我没有重点也不联系实际的空泛目标，那时我认为大学是个熔炉，能让人脱胎换骨、回炉重造，完全蜕变成自己理想中的样子。也记得德育中期时自己对人生和未来的迷茫，对许多问题一知半解的探索，还有当时写下的对自己的期待：但行好事，莫问前程。

对于不成熟的自己没有必要嘲笑，因为那是成长的必经之路，我在这条路上跌跌撞撞前行，磕磕绊绊受过许多伤，所幸那些伤痕最终成就了一个更成熟、更勇敢、更坚强的自己。

（一）学习与科研

学习不仅仅是毕业时拿在手里的成绩单，还有每一次的早起，每一次认真听讲的课堂，每一本工整书写的笔记，每一个考试周寂静无人的夜晚，每一张尽力写完的考卷。成绩单上记录了88门课程的成绩，从大一时的屡现70到大三的优良率100%，再到最后的优秀毕业设计，我看到了自己成绩上的进步，也看到了自己在学习能力上的提升。

刚入大学时的我相信着高中老师们许下的美好愿景——"到大学就能好好玩了"，由此对学习颇不上心，也导致了惨淡的成绩。从那时起，我就开始思考学习的意义，也终于开始正视身边天天早起奔向图书馆勤奋学习的同学。我调整了自己的学习态度，也开始跟着周围朋友们的脚步去自习，去认真完成每一场实验，努力记下每一个公式。

我们应该保持终身学习的习惯，余生有涯而学海无涯，我们要始终对学习一事保持谦逊的态度，这是我在所有生物医学工程专业知识和技能之外，学到的最重要的一课。

科研其实应该是大学生活重要的组成部分，但我最初并没有意识到它的重要性，直到参加大创，才明白纸上谈兵的学习多止于做题，真正的知识要通过实践才能掌握。大学期间我共参加两次大创、一次大型科技竞赛，获得了十佳大学生创新项目，锻炼了解决问题和创新的能力。

（二）思想与实践

思想政治方面，我一直积极向党组织靠拢，有幸成为生命学院第一批被发展对象，最终顺利成为一名正式党员，也被党支部推荐为优秀党员。成为党员并不意味着结束，而是应当更加督促自己学习党的理论和各项方针政策，坚定理想信念，保持正确的政治立场，同时密切联系群众，让自身保持优秀以发挥党员的先锋模范作用。

我认真研读了许多理论书籍，如《习近平关于"不忘初心、牢记使命"论述摘编》《苦难辉煌》等，这些书籍对我影响颇大，让我拥有了更强烈的使命感，内心涌动着一种冲动，渴盼着为党、为国家做出自己的贡献。

社会实践我也积极参与，做过"中华人民共和国成立七十周年献礼——北京大兴国际机场建设调查走访调研""生态文明建设与人居环境保护"等课题。实践期间我结识了许多有趣的人，收获了友谊。在寒暑假期间去完成这样的团队合作下的社会实践，是非常有意义的一件事。

（三）学生工作

在学生工作方面，我拥有非常奇妙且有趣的经历。

我担任过班级的心理委员和班长。三年的班长生涯中，有一个学期因为突发情况兼任了班级团支书，在这期间为我们班争取到校"优秀团支部"荣誉称号。这段经历让我更加理解班级的运作管理，能更好地服务班级同学。

我曾参加过本院的学生会新闻部和青年志愿者协会的宣传部，但并没有选择留任，反而去了求是书院帮助搭建学生组织班子，期间作为宣传部部长协助举办"时代新人说"、深秋歌会、元旦晚会、迎新工作、新媒体培训等活动。这些活动给我留下许多美好的回忆，也留下了宝贵的经验。在成为正式党员后，我担任了党支部宣传委员，也由于过往在宣传部的工作经历而游刃有余。多次的宣传工作经历让我的工作能力有所提升，掌握如何运营公众号、如何摄影、如何制作海报等技能，更重要的是我完全理解了"酒香也怕巷子深"。

我一直积极投入学生工作，虽然也会对烦琐的工作吐槽，但内心并非反感，反而喜欢。学生组织和班委并不是凌驾于同学们之上的特殊身份，而是服务同学的组织。通过工作为同学们提供便利，在我看来是一件有成就感的事情。

迷茫与挫折

成长之路注定不是一帆风顺的，若问我大学期间身处迷茫的时期和遇到的挫折，那真是多到无法列举，甚至有一些问题至今无法解决，有一些迷茫至今也未消除。

曾经苦苦思索过人生意义，甚至为此研究过哲学，一度觉得人生就是没有意义的事情，甚至认为人生过得如何大部分都不取决于自己，而取决于出生的时代与家境。命运的一粒尘埃，落到每个人头上都是一座无法逾越的高山，那么所有的努力是否都毫无意义？我不知这是否是每个人的青春里都会思索的问题，但它确实困扰我良久。我不愿过和别人一模一样的生活，却也不知自己想要的生活的具体样子。也许这种在迷雾中摸索前行本身就是人生的意义，未来之所以叫作未来，便是因其未知性。

我曾感叹于这个世界的瞬息万变，总觉得会不会有一天自己赖以生存的专业和行业就此蒸发。科技的发展与技术的迭代是如此之快，拥有一个能稳定到退休的职业，似乎遥不可及。我还怀疑过追求优秀与卓越的意义。网络的发达让我看到这个世界的参差，追求优秀的人许多似乎并不幸福，那么对我来说追求游戏的意义又在何处？

小挫折我遇到许多。做科研项目的时候、考试周复习的时候、举办活动的时候，问题总是层出不穷，我始终没有办法面面俱到。拖延症是我至今也未战胜的敌人，我尝试过各种办法与它做斗争，网上搜各种治疗拖延症的方法并一一实践，也向优秀而自律的同学们请教过，但最终都以失败告终。精力管理也是我难以做好的一件事，不知为何总是精力不足，认真学习一天，第二天就不太能继续了。

我从与迷茫和挫折战斗的经历中学到：最重要的不是如何解决它们，而是与它们和解，也与自己的负面情绪和解。我认识到，迷茫与挫折会与一个人相伴终身，步入社会后可能更多，因此产生的挫败感等负面情绪也属正常情况。

时光至此，有很多问题我已有了属于自己的答案，也有许多迷茫仍在心间，许多困难不曾解决，但我决定接受它们的存在，保持平和的心态，带着它们上路，继续我的下一段旅程。我坚信，哪怕暂时无法解决，只要保持信心战斗下去，总有一天我能够得到满意的答案。

坚定与未来

"坚定"二字是我回顾四年得失后，给自己的目标。若问我想要成为怎样的人，那么这将是我的答案：坚定理想与信念、坚定目标与胜利。共产主义是新时代共产党人必须坚信的远大理想，树立这样崇高的理想有助于摆脱人因平凡琐碎事务而产生的无意义感和空虚感。有这样的使命在肩，我又怎敢懈怠！

坚定目标与胜利需要保持对赢的渴望，这从我的经验中得来。对赢的渴望会成为人不竭的动力，我不希望自己"躺平"。没有哪个时代是轻松的，一代人有一代人的使命，哪怕现在看来我们的前辈已功成名就，但他们艰难的岁月我们不曾体会。

坚持就是胜利则是执行方面的策略。大学四年，在北理工这个人才济济的地方，我遇到太多优秀的同学，听过太多传奇的经历。我了解到天赋真的非常重要，但是对于更多并非天才的普通人而言，坚持和毅力更加重要。许多大一入校看似平凡的人，因为四年坚持不懈的努力，发生了翻天覆地的改变，这是坚持的回报。我未曾坚持过那么久，却也尝过甜头。很多路漫长又艰辛，许多人坚持不到最后，所以坚持就是胜利。

如今我已确定继续在北京理工大学读研，实验室也基本确定。未来三年的方向基本确定，但未来的广阔人生还未确定。在北理工我见过太多优秀的校友，许多人投身于国防大业，我虽志不在此，但也愿努力将个人发展与祖国发展结合，在生物医学领域走出属于自己的道路。一个小小的我不能做出大的改变，但千万个和我有相同抱负的年轻人们一起努力，会让我们的党与国家发展得越来越好。

最后，给自己一个长远的目标：希望自己永远保持好奇心和探索欲，终身持有学习的习惯；希望自己保持对生活的热忱与敬畏，仪式感常在，善良常在；希望自己踏踏实实，坚定勇敢，遇事进退有度，不卑不亢；希望自己坚定理想信念，将个人发展融入国家发展，同心共筑中国梦！

祝愿我自己和所有在北理工毕业的学子们，不畏前路，坚定成长！

献给我的大学

管理与经济学院　刘涛铭

不知不觉,大学已经临近尾声。此时此刻的我,刚刚结束毕业论文的答辩,看同学们发布社交动态庆祝毕业,心里感怀万千——"毕业"两个遥远的字眼,如今也走到了我们眼前。然而对我而言,毕业论文的答辩结束犹不是大学的终章,德育答辩才是——因为有了德育,我早早对大学有了新的理解:学业的发展、知识的学习或者学术能力的提升,只是大学意义的一部分,真正的完整的大学关乎成长,关乎健全,关乎人生,关乎收获,关乎发展……没有一项是能够完全用成绩说明的。因此,在我终于有机会坐下来,借着德育论文的机会总结自己大学四年的收获时,我怀有的是一种愉悦、骄傲、虔诚的心。我想用两个部分来说明自己的收获:第一个部分用传统的"德、智、体、美、劳"梳理自己的成就和不足;第二个部分用更具个人风格的语言和思路说说自己的想法。谨以此文献给我的四年大学和青春岁月。

盘点我的大学

(一) 德

毫无疑问,德是一切的基础和前提,是一个人最重要的底色,是一切行动和价值的引领。我很高兴看到自己在德育方面取得了一定的成果,没有辜负家长、老师、学校、社会的培养和期待。

1. 加入中国共产党

在大一军训期间,我即郑重提交了入党申请书,并加入管理与经济学院共产主义学习实践会,向组织表明了自己希望加入中国共产党的愿望和决心。经过不断的努力,终于在 2020 年年末光荣地成为一名中共预备党员。

加入中国共产党,是我一直以来的愿望。服务社会、回报社会、建设祖国、振兴中华，更是从小的理想。

我深知，成为预备党员并不代表自己取得了最终认可，我会在日后的一言一行中，对得起自己党员的光荣身份，接受组织考验。

2. 生活中的品德培养

在生活中，我团结同学、尊敬师长，为他人提供力所能及的支持和帮助。我帮很多同学辅导过简历制作和职业规划。为他人提供参考、帮助别人使我快乐。

（二）智

我认为这里的"智"说的不仅是智力、知识层面，还有抽象的心智、思维层面。在知识方面，我学习了工商管理专业的诸多课程，构建了管理学科的基本理论框架，为今后的实践和进一步学习打下了基础。在思维层面，我通过大量阅读商业新闻等，了解了当今商业社会正在发生的诸多事件及发展趋势，对各主要行业有了一定的认识。

（三）体

体育一向是我的弱项，但大学期间，我选择了适合自身的体育课程，在大二结束时修得了毕业要求的体育学分，取得了自己满意的成绩。在大三时学校有了游泳馆，于是我又抓紧机会多修了一门初级游泳课程，并在老师教授和友人陪伴下学会了蛙泳。在此以后，我成为游泳馆的常客，为自己开辟了新的体育运动天地。

（四）美

一方面，我加入了北京理工大学艺术团校话剧团，承担了宣传工作，并在大二下学期参演曹禺话剧《日出》，扮演张乔治一角。我们自己设计宣传海报、推送微信公众号，导演、演员、舞美、道具等人员紧密合作……一切只是为了给全校师生上精彩剧演出。

另一方面，我培养了自己的摄影爱好，作品获得老师、同学的认可。我还通过音乐感受艺术的美好。

（五）劳

一方面，我积极参加校外实习实践。大一到大二期间，在中关村创业街一家互联网＋教育创业公司担任项目助理；大二到大三期间，在辉瑞制药和国际 SOS 担任市场部助理；大三成为"一加科技"的校园成员并策划了校园传播活动；寒假在新浪微博做商业化产品运营，之后在美团做用户增长；大四上学期在阳狮媒体的搜索引擎优化组实习。丰富的实习实践帮助我收获了 5 个工作机会，还取得了辉瑞制药、百度的最终面试机会。

另一方面，我热衷参加志愿服务，积累了约 100 小时的志愿时长；通过北京理工大学教育基金会芝兰奖学金项目，在读书、学人、习事、游历、训练营中收获成长，并前往杭州、上海企业参观访问，获得了生物医药行业的更多一手资料。

自我积淀

每个人的经历都有其特殊背景和特殊机遇，我们需要择善而取、为己所用，而不要把学长学姐的分享当作模仿的范本。这是我后来逐渐意识到的。

我在大一的时候明确了自己本科毕业后即走入职场的目标，后来的两年一直在这个目标的指引下充实自己。虽然就业这个方向是确定的，去往什么行业、何类组织、从事什么岗位的工作，却是不确定的。因此，我的实习经历很杂，而且最后也拿到了不同的录用通知。总有学弟学妹向我抱怨，说自己还不知道自己喜欢做什么，不明确未来的职业方向。我想，在 20 岁的年纪就决定自己未来的发展方向确实不容易，况且自己的喜好和社会形势都处在变化之中，也要容许、接纳这样的变化；更不必说很多职位要求的能力都是相通的，做得好的总有无限的可能。因此没有明确的方向未尝不是一种方向。虽说如此，该做的尝试和努力还是要做，慢慢就能找到自己喜欢、至少不排斥的方向，做过的所有努力会水到渠成地把你带到合适的地方。这是个缘分的事。

我是本科毕业找工作的，深深知道学历对找工作的重要性。因为本科学历，我无缘于许多"完美"工作，只能在能"不完美"选项当中做艰难的选择。现在想想，我还是应该尽量给自己的发展多些空间、多些想象，或许正因为如此，继续深造才成为更多人的道路吧。这也是我的遗憾。

我们上学或者实习都是为了成长。实习的意义不在于去了多么厉害的公司——平台的能力并不等于其中的人。只要有收获、得到锻炼，那么实习就是有意义的。

回望大学，充满了收获也充满了遗憾。但无论如何，我还是心怀感谢。感谢这段时光，感谢所有相遇、经历和体验。感谢爸爸、妈妈和哥哥等家人的支持和鼓励。仍记得报到那天,家人送我到丹枫,帮我置办好生活物品、收拾好宿舍后离去的身影,我有种想向他们深鞠一躬的冲动……感谢我的恩师杨添安,他不仅是我的导师,也是我的家人和朋友,我们共同度过了难忘的时光。杨老师专注、博学、诚实、正直的品质深深影响了我。犹记得找工作期间备感迷茫,常去找杨老师聊天,我们绕着校园一圈圈走,谈天说地,并不提工作的只言片语;可每走那么一次,我的自信就增添一分,就更有信心面对接下来的考验。感谢杨添安老师和邓剑伟老师在学业、学术、生活等各方面给予我的指导和帮助,犹记得2020年秋天拿到若干工作机会时,是两位老师不厌其烦地帮我分析优劣、提供建议,他们以成熟的视角、充沛的经验和充满耐心和爱心的态度为20岁的我提供了珍贵无价的帮助和指导,我永远为我的两位老师骄傲。感谢我的朋友们在大学四年和可以预见的未来给我的帮助和支持,他们陪伴我度过了一个又一个或温馨快乐、或艰难黑暗的时刻。感谢我的高中母校石家庄二中,从2013年到2020年加入北京理工大学的近200人,给了我家的温暖,成为我在校园里温暖的港湾和坚实的后盾。感谢每一位老师的辛苦付出,他们在让我们的学院变得更好。感谢北京这座城市,它用博大的环境、开放的气质和广阔的天地塑造了我的眼界、认识和价值,同时作为一个北方人,我在这座古老的城市找到了文化上的归属和认同。

做有法律特色的北理工人

法学院 陈钊

"独立思考,表里如一"在这句座右铭指引下,我努力向知行合一的法律人靠近。身处顶尖理工科院校内的法学院,我接受了交叉学科的培养且具有了天生融合性的学历背景。一程山水一年华,我的北理故事充满幸福与收获,行为世范的老师潜移默化地影响着我的言行举止,让我获得了自己的成长与独特的领悟。

进步,源于向内求解的驱动力

在北理工法学院的四年求学生涯,我逐渐丢弃了迷茫、散漫、怠惰,寻得了清晰的奋斗目标,这其中,最受益的成果便在于我获得了内驱力,同时,内驱力助我"心想事成"。

我本是懒散的人,但我有非常明确的奔赴法治事业一线的梦想。实现梦想要迈出的第一步,是深造学业。本科期间,我获得2项国家级奖项,4项省部级学术奖项,10余项校院级奖项;专业课优良率达100%,曾连续一学年以所有科目全优蝉联年级第一,最高分为本科唯一一门全英文专业课的满分,IELTS成绩为7.5分。在校四年,我获得"优秀学生标兵""品学兼优榜样"等称号,也是年级第一批发展的党员。

学业上的突出表现使我顺利进入3个专业课题组开启科研之路。我在"'一带一路'国际商事调解指南"课题组独立研究多篇国际组织的全英文文章,撰写近2万字多维综述本行业的全球发展近况报告,报告将作为项目组同名著作部分内容出版。同年,我作为组内唯一的本科生参与"正当防卫认定标准和方法研究"课题组申报"国家社科基金"的工作,不到1个月,通过数据库检索、整理,分类了近5 000份刑事判决,为团队和个人科研均贡献了宝贵的第一手数据。曾粤兴教授指导我的毕业论文,我以"正当防卫之侵害预期适用研究"为题产出了3万字的研究成果,思考—提出假设—否决—再思考的过程让我兴奋,这更奠定了我深入钻研刑法学的决心。我的求学之路为我积累了自信,但此自信并不建立在已获得的荣誉表象上,而建立在抹平浮躁—从头起步—向内求解之后的沉淀上。

与其在口头上对"梦校"念念不忘,不如亲自丈量这更为广阔的求学天地。所以在保研冲刺阶段,我每早不到6点就起床,先在楼道背诵功课至7点,接着前往图书馆复习至闭馆,再去教学楼自习至11点回寝。学以精工,人生在勤,不索何获?没有信手拈来的好成绩,每份成绩都是因为付出了千万倍的刻苦。

这段极其艰苦但非常圆满的经历让我反思内驱力产生于什么。它产生于获得更广阔的自由的坚持。用个夸张的口号表达就是:"懒惰自由2小时,而懒惰时多做一点自由2辈子。"我们糊弄的、负能量处理的,都将作用在我们的未来,无论多微小。所以内驱力的产生本身就是自我认知和进步的过程。正因为我明确知道目标在哪,才能够产生动力驱使自己和怠惰的本性抗争;若我连自己想要什么都不知道,那么内驱力的存在本身就是伪命题。

利他,是弘道弘仁的第一要义

"德以明理,学以精工"。唯有心中有德,才能法天法地,才懂弘道弘仁。2020年我有幸获得了徐特立奖学金,作为唯一的一名本科三年级的文科生取得了这一校级最高奖学金荣誉,这无疑为我的大学生活添上了浓墨重彩的一笔。在答辩中,评审老师问我:"你在北理工的这3年,最大的变化是什么?"我回答:"我学会了践行利他,并领悟了利他的快乐。"

曾经的我淹没在冰冷的法条和文字符号之中,形成了遇事就想"我有没有义务这么做"的本能反应。为什么要推崇利他?为什么要服务校园?阅读的过程中我得到了答案:我在读黑格尔的《法哲学》时初步接触到他对"自由"的定义。简言之,在第一个阶段,我们通过反思认识到一切的外在都是表象,我们有自由不受表象束缚。当抛弃了表象时,你比外在物更高贵,但这是空洞的自由。那个会第一时间问"我为什么要帮助你"的我,处在的正是"任性"这一自由的萌芽阶段,正如黑格尔所说这并不是真正的自由,因为我没有意识到"我可以主动地给自己添加善的规定性"。把这种普遍性的善设定为意识的规定性,是人类的高级生活方式。

英语是我驾轻就熟的语言技能,大二时留意到身边不少同学有提升口语水平的愿望，却苦于没有同伴共同练习，或在面对外教老师时自信不足、不敢开口。于是在任职我校英语协会会长期间，我与外教合作使协会成为成员过百的、全校最大的语言类学生组织，向逾千名在校同学提供口语锻炼平台。我在英语协会的工作事迹被中国妇女网、北京考试报、学校官网专题报道。

为什么这个时代越来越多的青年能身体力行地将利他践行在日常中呢？利他是种传承，是一个获得感动—传递感动的动态过程。被他人提供便利是一个温暖的体验，无奈无以回报，我们便愿意将这种体验播撒给更多的人。我在保研期间，求助了我校诸多老师、学长学姐，向他们请教经验、向他们倾诉烦恼。他们作为过来人理解我的焦虑，都无一例外地为我的困惑建言献策。他们把自己在这条路上踩过的"雷"一个个地提示给我，不让我重蹈覆辙，其详细又精准的建议如同定心丸。但我没资格能传授他们什么，便只能带着那时的感动，学着他们的样子不藏私地告诉我的后辈我在他们正在行走的路上所历经的弯路和开辟的捷径。我于 2021 年 1 月为明德书院 2020 级学生进行了 3 小时的"刑法总论"课程串讲，作为学生导师辅导学弟学妹共同进步；并受邀于 4 月为明德书院 2018 级学生进行保研经验分享，从择校标准、计划制订、材料准备、心理建设、面试注意事项等方面全方位介绍我的经历。分享会后，有学弟反馈道："这是我 3 年来听过最精彩、最全面的保研讲座。"

自由而无用，无用但有为

此"无用"指的是无功利之用，我们评价东西时第一个问题就是：它有什么用？从这个角度看，参加竞赛能为我直接提供就业机会吗？发表演说、输出思想能提高某一门课程的成绩吗？或许都不能。但实际上，无用之大用，往往无用的东西会更重要，往往是被认为无用的思想却为一个时代指出了精神方向。正因为珍视"无用"的情与"无用"的事，我对"新鲜事物"保持高度关注，对开发多面的自己充满兴趣。大学四年，我素质成绩位列年级榜首。我在英语协会以会长身份服务校园，参加模拟联合国大会开拓国际视野，在"芝兰成长计划"中加速转变为合格社会人，在排球协会、北理舞团、摄影协会享受文体之魅力。

我向来不是一个"读书机器"，承载着热爱，我也注视我所爱的生活。我结合专业与时事，曾在校时事论坛中以"印度刑法典废除通奸罪"为题，呼吁社会摘除物化女性的恶意标签，以超出其他选手上千票大众投票的成绩获大赛第一名。提及庭辩争锋，我更是周知的"拼命三郎"。我于2021年度获得国际刑事法院模拟法庭（英文赛）二等奖；曾连续2年作为赛队核心成员出战"北京市大学生模拟法庭竞赛"，超越清华、人大等40余高校，让我校时隔5年再获"团体一等奖"与"最佳书状奖"，为校争光，我本人获省级"优秀个人奖"。为弥补因此落下的功课，我见过清晨5点的楼道，也吹过23点的凛冽寒风；欣慰的是，同学期位列年级第一。此外，我曾在院"模拟法庭联赛"和"案例分析大赛"战胜所有研究生选手蝉联冠军。我对赛场的磨炼甘之如饴，更钟爱将刁钻的赛题厘清后守得云开见月明的快乐。我在海淀法院、北大英华、深圳都市报拥有过实习经历，归档上百起案件，撰写过10余篇采访报道，大版面连续见报。

成长，永无结业

对刑法学，我热爱并执着！和其他同学一样，我因课堂上"夺人眼球"的案例而对它产生兴趣。随着理论的深入，身边人越学越望洋兴叹，而我却因习得不同理论而备感充实和兴奋，仿佛在欣赏一项瑰丽的艺术。唯有北理工的刑法课堂，能让我拥有强烈的求知欲。所以在选择专业时，我没有过丝毫的犹豫。2020年春季学期我在线上参与近20场讲座，从中获取的知识为我成功考取法大贡献不少分值。而今，刑法学于我从兴趣转化为了一份社会责任：当我发现在全社会法律意识本应逐步提升的时代，还有很多角落缺少阳光，还有很多弱势群体和需要帮助的人不懂法，乃至不敢运用法律捍卫权利。纵使力量再小，我也不愿袖手旁观。法律人好比医生，抛弃偏见"救死扶伤"、用最纯粹的学术目光"解剖"社会问题。我知晓每个条文背后可能产生的影响，也愈发具备手持利剑与规则的勇气。为"天平不倾斜，公正在人心"而上下求索。

与其流连过往荣誉，不如总结自我不足与规划未来更有价值。学业上，我本能地偏科，面对喜爱的科目如饥似渴，而对不感兴趣的科目虽考试成绩不一定差，却自始至终处于无感情的被动学习状态。但我关注到这个时代需要的是复合型人才，我选择的刑法学方向涵盖的更是所有社会关系，所以我必须改变。在学生工作中，我总是急于求成、要求立竿见影，自我决定的多而请教的少。欲速则不达，今后我会兼听各方建议，多虚心学习。未来，我计划在下一个求学阶段以认真完成学业为基础，通过文献追踪新型犯罪领域的科研视野，形成较为明确的个人刑法观；研究生期间或毕业后出国交流，作为桥梁将值得借鉴的域外法治经验和理论引流回国，进入一线工作将所学付诸实践。

　　回望大学时光，珍惜青春岁月，展望未来人生。四年本科生活为我展示了一种新的人生可能性。我可以在犹豫是否"放自己一马"时勇敢地克服困难、合理地部署计划；我可以站在利他还是利己的十字路口时优先做出基于利他的选择；我可以少一分功利之心，保留年少善良的纯粹；我可以在青年朋友之中以赞颂英雄为潮流，以我的"延安根"为傲。"法天法地　弘道弘仁"，这是所有北理工法律人的梦，也是我的梦。

探索世界，认识自己

外国语学院　游一林

本科期间，我秉承着认识自己、认识世界的初心，不断学习、思考和追问，尝试新事物，丰富人生体验。欣慰的是，站在大四的终点，我能够感受到自己的进步。

两项原则

回顾我的大学生活，尤其是大四一年，我愈发感到有两项重要的原则始终指导着我的生活，在我面临选择时成为我的取舍依据。

（一）成长型思维

成长型思维是我最近一年来感受最深的理论，它的本质是相信智力和能力可以通过后天努力改变，不相信天赋决定论，所以"Basically everything can be learned"。秉承着这样的信念，我对新事物保持开放的心态，不给自己设限，面对陌生的知识和技能不望而却步，面对挫折我只会去想我如何继续改进，不会自我怀疑，也不会归因到性格和天赋上，因为我知道我只是"缺练"，而不是"不行"。

大四一年，我格外注重尝试新东西、学习新技能。这一年，我自学了法语，尝试法语翻译，学着做字幕，自学 AU，重拾钢琴，学了吉他，第一次正经唱歌并参演音乐剧。随着学的新东西越来越多，我也逐渐摸索出了其中的规律，增强了自信。比如，刚开始上手慢是正常现象，熟练度会随着学习时间和练习量的增加而提高，所以在初期要有耐心，同时要注意一次次细小的成功反馈，来给自己更多的动力坚持下去。

（二）丰富人生体验

除了成长型思维，另一个指导我做选择的重要原则是丰富人生体验，对新的机会说"OK，好的。"这又可以分为两类，一类是"开窗"，一类是"开门"。

开一扇窗子前，你基本上能透过窗户看到屋外的东西，未知数较少，我用"开窗"代表在行动之前就大概能预想到结果的活动。我在大学期间继续发展已有的兴趣点，深入探索我较为熟悉的领域，很大程度上属于"开窗"这一类。例如，我喜欢新知识，喜欢思考，大一到大三经常趁着没课的半天进城"蹭课"，去听北大的莎士比亚和英国诗歌，听清华的美国社会文化和认知科学；同时，我大量选修感兴趣的课，接触了心理学、社会学、教育学、同声传译等领域；我对英语辩论和演讲都充满好奇，在大一大二的尝试之后逐渐发展为新的兴趣爱好，体会到思辨的快乐和眼界的提升，也幸运地得到代表学校出去比赛的机会，从而更加丰富了人生体验；我喜欢球类运动，在乒乓球赛、篮球赛、羽毛球赛、排球赛中抛洒汗水，也有幸获得我校"延河杯"乒乓球赛女子单打季军。

"开门"则更多代表着探索以前不熟悉的新领域。打开一扇门之前你并不知道会面对什么，只有当你真的推开门，才会知道迎接你的是什么。最近接触到了一种思维模式叫"start before you are ready"，我认为很好地概括了"开门"的本质。除了发展已有兴趣，我也做了很多探索未知的尝试。比如大三上学期加入清华大学儿童认知研究中心，主持儿童心理学实验；大三下学期开个人公众号，以我的生命状态影响他人的生命状态；大四上学期接任外语新闻社的部长，报名联合国人才培养项目的网课；大四下学期选修女性学概论、加入红幕布音乐剧社。做这些选择前，我并不知道它会给我的生活带来什么变化，但我知道它可以让我增加人生体验、认识新朋友，这就足以支撑我去做这样的选择。当门真的打开了，你便自然会去适应、去拥抱它给你带来的改变、收获和新的机遇。

丰富人生体验，从另一个角度说，就是去努力成为"'and' person"。第一次接触这个概念是在 Ali 的视频里，指的是在多领域掌握多重技能的人，而不是只在一个领域专精的人。回顾我的大学，也确实是在尝试各种兴趣领域中度过的：一方面是探索世界，一方面是"认识你自己"，在探索中发现自己。

专业探索

除了不断涉足新领域，大学期间前三年的主线还是确定专业方向。这里就来回顾一下我为此做出的努力和思考过程。

虽然高考报志愿时选择了英语专业，但我知道我对文字本身没有执念般的热爱和钻研精神，于是很早就决定研究生要换专业读，因此探索我对什么专业感兴趣就成了本科期间的主题。也正是出于这个原因，本科期间我学英语主要靠惯性和兴趣，惭愧地说，在本专业学习上花的心思并不多。大一大二尝试了很多感兴趣的东西，在发展兴趣爱好的同时，我也在思考着背后的职业可能，而在专业道路上探索的真正进展源自两次暑期学校。

大一大二暑假，我先后参加了加州大学伯克利分校、伦敦大学学院暑期学校，出于兴趣选了社会学、心理学和教育学课程，课堂内容让我流连忘返。在伯克利，通过一个多月的艰难磨合，我终于对高强度英文环境下的学习悟出点门道；在伦敦大学学院，我明确了对心理学的兴趣，初步体验了科研。结课时，两门教育学和心理学课分别取得了班级第一和第二，给了我一定的激励。

回国后，我初步决定从事教育心理学。大三伊始，我主动联系清华心理系导师，加入清华大学 THBI 儿童认知研究中心（以下简称"实验室"），在 Stella Christie 教授的指导下参与了"父母语言使用与儿童类比思维发展"的研究，我负责招募被试、准备实验材料、主持实验、转录并编码实验数据。我们通过研究真实场景中的亲子对话，发现父母使用类比语言的特点，并探究其对儿童类比思维发展的影响。目前，我正在实验室主持一项跨文化研究，探究群体内部的相似性和差异性如何影响儿童的模仿行为。

实验室的经历让我大大开阔了眼界，和组员一起开组会、做实验、聊天也让我初步感受到科研生活可以很有趣。导师的敬业精神和科研精神也让我非常敬重。实验室之外，我还自发主持了"大学生学习动机、自我效能感与学习投入的关系"的量化研究，独立撰写了完整的学术论文，并在北大心理学院本科生论坛做汇报。我还联系了社会学、教育学的老师参与科研，在写文献综述、翻译采访稿、修改问卷的过程中不断积累经验。出于兴趣，我的毕业设计选择了教育心理学和语言学的交叉领域，同时继续进行着教育心理学的国家级大创项目。

在科研之外，我尽可能多地旁听论坛和讲座，尤其是跨学科、跨专业的内容。2020 年秋天，我旁听了北大对外汉语学院"多语种习得研究"论坛，接触了该领域前沿研究。在校内，我选修了 7 门研究生课程，涵盖心理、教育、统计、第二语习得等领域，满足了我对知识的渴望。作为班里唯一的本科生，我积极参与课堂，认真完成作业，最终平均成绩 91 分。同时，我旁听了清华的"认知科学导论"课，还在 Coursera 网站自学 Philosophy of Cognitive Science 课程，自主阅读心理学、语言学专著。我深知自己的积累还不够，但所有的努力和尝试让我尝到了自主学习的乐趣，让我逐渐变得积极、乐观、主动，也激发了我继续探索的决心。

未来，我希望继续探索教育心理学和语言学的交叉领域。尽管从原先设想的出国之路临时改成了保研，但我对热爱的事业的追求不会变，对生活的一切变数保持开放包容的态度。我喜欢科研中一个个顿悟的瞬间，喜欢终身学习、不断思考的状态，享受生活、学习和科研相互促进的感觉。这是我选择科研最大的原因。另外，从性格上分析，我本身是个偏理性、喜欢思考、脚踏实地的人，属于内向思考型而不是外向情感型，这或许可以说明为什么我比较适合科研，也解释了我为什么会对科研产生兴趣。而且，我对聚光灯不感兴趣，愿意做幕后工作者，这和众多的科研人的使命是一样的。

校园生活

还记得大四寒假，有同学问我大四下学期要不要出去实习，我笑着说"我还是趁最后一学期享受一下校园生活吧"。对我来说，校园生活意味着丰富的文体活动，我参加了三个社团：北理工校话剧团、外语新闻社、红幕布音乐剧社。

话剧是我一直以来的兴趣所在。大一时，我加入校话剧团，第一次体验话剧导演，同时继续精研探索，在商业话剧剧组实习，所写的剧评获得北京人艺微剧评优秀作品奖。参与校话剧团活动的同时，我一直在思考如何把剧团办得更加专业化、规范化。大一结束时，我选择留任校话剧团团长，全身心投入剧团建设。短短几个月，我和管理层成员齐心协力，将话剧团从 20 人发展为 200 多人；一年排演 5 部大戏，累计观众数量千余人。我主管宣传工作，一年发推送 80 篇；我导演的迎新大戏《爆米花》也获得了不错的口碑，许多观众在最后排站着看完了演出。在任校话剧团团长期间，校话剧团在专业性、规范化和影响力上都有了大幅提高，为许多没有接触过话剧的同学打开了戏剧艺术的大门。

外语新闻社是意料外的惊喜。大一时我在翻译部翻译了十几篇新闻稿，大二时因为留任校话剧团而退社，大三大四又重回社里，担任音频部部长。接任部长的一大原因是想多为自己打开一扇门，认识新朋友。在任的一年里，音频部不仅完成了部门工作，而且成为凝聚力很强的团体，课余时间我们一起打球、吃饭、唱歌、参加配音比赛。音频社是我大四生活的温暖港湾和快乐源泉。

红幕布音乐剧社是我大四下学期才加入的社团，最大的收获是认识了同样喜欢法剧的兄弟，有幸参演 *musical night* 并且唱了自己喜欢的剧目，认识了专业的声乐指导和一批可爱的学弟学妹。第一次从演员的角度参与演出，认识了聊得来的音乐剧同好，我们一起排练、吃饭、出外场、约剧、学歌，成为我大四下学期平凡生活的一抹亮色。

回顾大学四年，学生组织和社团不仅让我解锁了很多新体验，也让我和许多跨年级、跨学院的人打交道，结识了好朋友，这段经历弥足珍贵。

尾声

"大学之道，在明明德"。感谢本科时光给了我充分探索的机会，让我从心态、思维、眼界上都成长了不少；感谢学校和学院的平台、资源和培养，感谢亲爱的老师和同学们的支持和帮助。"一任离情折柳枝，恐无意间再无草木如是。但凭笔墨济沧海，愿有我处便有斯文在兹。"

踔厉奋发 笃行致远

徐特立学院 雷诺

本科生活已渐入尾声，作为徐特立学院的一名学生，很荣幸，很自豪，很满足。

2017年8月，我从北京市第八十中学以650分的成绩考入徐特立学院。那时的我，对未来的大学生活没有规划，更不知道等待自己的是什么。心里只是想着，平淡安稳地度过四年，争取能读个研究生就好。胸无大志，是对我最贴切的形容了。回溯四年，点点滴滴永记在心。

学生工作：桃花依旧笑春风

军训时期，我申请加入了学校的军训摄制组，承担军训期间的新媒体摄影工作。那段时间是我最快乐的时光，没有课业的压力，没有科研的需要，只需要做好自己喜欢的摄影就好。在军训摄制组，我认识了白琨昊、刘翰泽两位最好的朋友，这是我大学四年最宝贵的财富。很庆幸，由于工作的认真，我被当时学生工作部思政科的张杨老师和耿庆磊老师看中，负责组建了北理瞭望影视中心，和好朋友们一起在新的战场上驰骋奋斗。我也没有想到，我本来预想的"平淡生活"，竟被学生工作改变了轨迹。不论是在军训，还是在北理瞭望，或者是现在在学长团当团长，我的四年生活全都与学生工作"纠缠"在了一起。

2017年9月，军训摄制组的工作结束，在张老师和耿老师的带领下我们组建了北理瞭望影视中心。我们用自己的方式，通过一张张照片，一段段文字，记录着北理工的点点滴滴。美丽的校园、感人的故事、可爱的同学……都是我们记录的对象。当时，中心人手不足，经常是我们应急。每次出任务时，会有埋怨，会有不满，但更多的是欢声笑语，是相互鼓励与支持。在北理瞭望做主席的两年，我收获了最难忘的两年。和自己的挚友，做自己喜欢做的事,太幸福了。

2018年的9月,经历了一年的打拼积累,我再次进入了军训摄制组。这一次,身份不再是组员了,而是学生组的带队负责人,角色变了,肩上的压力更重,承担的责任也更大。我记得当时负责军训宣传工作的老师再三叮嘱我,一定要严明军摄组的纪律,军摄不是休息的借口,而是更严格的训练。我一直牢记在心,不敢怠慢。对组里学弟学妹们要求严格,对我们大二的同学要求更严,因为我们是严明纪律的标杆。从仪容仪表到工作纪律,都是没有折扣的。烈日炎炎,我们冲在前面;还未天明,我们便整装待发。在那一年,我们的工作得到了学生工作部的充分肯定,感谢每一位战友。得益于军训时我们的日夜坚守,很多学弟学妹也主动申请加入了北理瞭望影视中心,我们的队伍终于不再是两三个人、七八条枪。

2020年9月,我在徐特立学院学长团当团长。和之前在北理瞭望影视中心的工作状态是明显不同的,我要自我检讨。大一大二的那种冲劲儿已经被磨得差不多了,更多的是从一个学生组织负责人的角度去看待问题。学长团服务于学院内每一位需要帮助的同学,无论是学业、科创还是生活。在将近一年的学长团工作中,很幸运能认识这样的一群学弟学妹,他们都很有干劲儿,也让我很受鼓舞。做朋辈导师的日子,和2020级的学弟学妹们聊天,在他们的问题得到了解答的同时,我也总会被带回自己大一的时候。那种懵懂,那种青春无限的感觉,总是那么难忘。感谢学院能给我这个机会,让我再"年轻"一次。

学业与科研:躲进小楼成一统

每次在个人介绍的时候,总是要把学业成绩、科研经历什么的放到最前面,但是对我而言,它不是我倾注心血最多的部分。大一第二学期开始,我还清楚地记得评奖学金的时候,我们宿舍只有我一个人没有拿到奖学金。当时的我安慰自己,是学生工作分了一部分精力,可以理解。但是作为一个学生,学习是最重要的事情,没有别的借口。大一下学期,我一改之前上课不认真听讲的毛病,集中精力,认真对待每一科。终于,从年级第44名跃升到年级第12名,拿到了我第一个奖学金——三等奖学金。

到了大二,理论力学一下子就成了最大、最难的敌人。真佩服当时的自己,为了征服这个敌人,我每天额外花3到4个小时做理论力学的练习。皇天不负苦心人,理论力学A——本科阶段最难的课程之一,我拿了99分。这学期，我的学业成绩第一次达到专业第一。从某种意义上讲，理论力学这门课改变了我的学业生涯。到了后面，我坚持自己的学习方法和学习节奏，连续拿了两年半的专业第一，拿了两次国家奖学金、一次北京市"三好学生"、两次优秀学生标兵。感谢自己当时的努力，能让自己有所收获，有所进步。

学业成绩上的变化，离不开老师们的关心和爱护。在大二上学期，我还十分迷茫的时候，我经常和教我们机械工程基础的张彤老师沟通。张老师总是对我的每一个疑惑加以解答，并给我树立信心。在那时，张老师就说，我的眼光不应只在争取保研、直博资格上。那会儿自己还没拿过年级第一，可以说就是最平常不过的一个人了。感谢张老师当时的鼓舞和激励，让我能一直走下去，一直相信自己。

在大二下学期结束时，我和当时的辅导员陈曼老师申请，想要去孙逢春院士的课题组从事与电动汽车相关的学习和研究。陈曼老师当时就答应了下来，和史院长一起为我去孙院士的课题组铺路。在这里，我由衷想感谢两位老师对我的知遇之恩，是我难以忘怀的。千里马易得，而伯乐难寻。我虽仅是一匹驽马，承蒙两位老师的重视和厚爱，万分感谢。孙院士课题组的孙超老师和李军求老师联系了我，并和我有了简单的交流。我顺利进入了课题组，开始了对科研的初次探索。很感谢孙超老师，在我刚刚申请进入课题组时，便让我参与了国家自然科学基金项目中的试验部分。在对锂离子过充电的研究试验中，我也完成了自己第一篇 SCI 文章（第二作者）。这是我一次重要的科研经历，感谢一路的师兄师姐，教会了我许多。

人生选择：柳暗花明又一村

大三上学期之后是漫长的疫情在家时期，也是我最焦躁的一段日子。本校保研还是外校保研，自己没有规划，也没有什么想法。很多时候，人的命运就像是被安排好了一样，多个巧合交织在一起，形成了一张不可思议的大网，而你恰巧就在这张大网里面。2020 年 5 月，孙柏刚老师在我们课程的微信群里发布了一条消息，何旭老师的节能减排课题组里面急需人手。我是隔了几天才和孙老师说去报名的，因为我对这种比赛其实没有什么概念。孙老师把我推荐给了何老师，跟何老师做项目的过程中，我想的也仅是做好自己该做的而已，没有想过其他。没想到在项目结束后的一个月，何老师打来电话问我有没有去外校读博士的打算。当时他跟我说的是去上海交通大学，那里的机械与动力学院不错，可以考虑。当时的我，不知是胆子大还是脑子短路，就跟何老师说："要去外校的话，我可能只考虑去清华。"幸运的是，何老师和清华大学的王志老师有联系，他把我推荐给了王老师。就这样，在2020年的7月13日，一个我难以忘记的日子，我和我现在的博士生导师王志教授有了第一次通话。

和王老师的第一次对话，我们聊了一个多小时。王老师和我详细沟通了未来的规划，并为我分析研究方向。和王老师的交流中，我如沐春风，受益匪浅。但是，虽然和导师交流得很合拍，还是要经过清华大学的考核。为了更好地应对面试，王老师还和组里的其他老师一起为考生安排了模拟面试，让我们对面试有更深的理解。模拟面试，我的发挥并不理想，有题目没有做出来，而且在宿舍里面试，环境很一般。王老师详细给我分析了我面试过程中的得失，帮我总结了很多。到了正式面试时，我发挥超常，面试组提的十二个问题全部答出来，最后以总分第一名的成绩被清华大学车辆与运载学院动力工程及工程热物理专业录取。感谢孙老师、何老师向清华大学推荐了我，感谢王老师对我的认可。作为学生，有这样的老师指引，是我一生的福气。

在清华大学汽车安全与节能国家重点实验室，我完成了人生首篇第一作者会议论文的撰写，投稿到了第二届世界内燃机大会，并被大会收录发表。未来的科研生活，一定是坎坷崎岖的，一定是布满荆棘的，更是孤独寂寞的。读博本身就是一场修行，在未来的路，希望自己还能有所进步吧！

感谢自己四年的努力和奋斗！

感谢我的母亲对我的关心和爱护！

感谢各位良师益友对我的支持和鼓励！

青春的生命闪亮,青春的我们向上。我们都在浸透了汗水的试卷上书写下追逐梦想的印记,我们都乘着梦想朝着前方的繁花飞驰,我们都为了繁花似锦的未来继续一往无前。

第四章 人生梦

奋忽若飙尘

宇航学院　秦纯

"奋忽若飙尘"是我在高三时写的最后一篇作文题目。题名出自东汉佚名《今日良宴会》,"人生寄一世,奋忽若飙尘",意为人生如寄旅短暂,又如尘土般就会被狂风吹散。

我选择这句诗作为这篇文章的题目,不是说我一定要为每一段时光都强加意义,而是我希望在一段段前进的岁月中,都能看到过去的自己,永葆赤忱。

绝知此事要躬行

现在让我回忆起刚入学时的心态,属实有些困难,只记得早早给过自己暗示:大学不会轻松。或许我们在 18 岁时想起 14 岁时不会感觉那么陌生,但经历大学四年,无论自己,还是身边的亲友,都觉得我成长了很多,现在 22 岁的我试图去理解 18 岁的自己,觉得她又纯真又无畏,当然,也很无知。我是既羡慕她,又同情她。

大学,老师不会事无巨细地嘱咐你,同学和你的课表不尽相同,父母远在千里之外,再没有一个人可以让你全无顾虑地依赖。大学突然就随心所欲了,人仿佛找到了偷懒的妙处。

学基础知识时啃着老本,间或一条两条地略过去,还能得到一个凑合的成绩。可当难度加深时,我慌乱了。我发现每次寻找对应的从前学过的知识点时,总是那么费力,原来最初最不打眼的知识竟是陪伴最长久的存在,一个学期一个学期之间的课程竟有着那么一缕微妙的联系,层层递进,脉脉相通。而之前寻得的偷懒的妙处,都成了书本上的黑洞,我看不明白,要花之前数倍的时间去填补。

缓慢,又很艰辛,成果时而有,时而无。

大梦初醒般，想起曾经自己对自己的告诫：大学绝不会那么轻松。我一边踌躇着，一边忐忑不安地向前，去接触自己从未静下心来习得的知识，去问自己从没问过的人，恍恍惚惚间我觉得自己可能懂得了些什么，只是它们仍是一团乱麻，我需要时间、智慧去整理。

但与此同时，我暗自庆幸，如果一味耽于粗浅的轻松愉悦，之后只怕是积重难返，早一刻醒悟，早一刻明白。"绝知此事要躬行"，不亲身体会，不细细探寻那些数字、字母、符号、文字间隐藏的奥秘，我永远都只是个浅薄的人，我的大学故事将没有厚度。

岁岁年年人不同

刚成年的自己有一种懵懂的闯劲，又夹杂着一丝顾虑与自卑。一开始觉得大家都一样，一样的年纪，一样的故事，一样的欢笑，一样的汗水，渐渐地我发现以前从未注意过的差异：有些人好像就是格外地明媚，有些人好像生来便如此自信。

我审视自己是否算得上一个真正开朗的人，同时渴望改变。就像一只蝴蝶想从蛹中挣脱，春天急于取代冬天，我的内心似乎在叫嚣着什么，蠢蠢欲动地想从一成不变的事物中抽身，渴望改变，渴望新奇。

我在沉寂了相当长一段时间后突然醒了，给自己安排了许多活动，那个暑假像是所有的事情都撞到了一起，但我乐在其中。我在日记中写道："希望2019年能是我的一个转折年。"我从良乡搬到中关村，去世园会做志愿者，去俄罗斯上暑期学校，回校已经开始小学期了，满满当当的行程，我却不觉得很累。可能之前封闭太久了吧，从没勇气，也没机会看看外面的世界，这里不仅仅指地域上的内外，也是我身边的人相处的圈子的内外，以及我自身的内与外。宛若灵魂向外扩张了一点点，我整个人变得更为包容、全面、辩证，像多年挤压的郁结被扫清，我在看见自己局限的同时将这界限又向外推了一点。

回校后，我一直在思索自己的可能性，就是在诸多事情上我能做到什么地步，我有多大的热情，又有多恒久的毅力，以及我究竟擅长什么，又有什么短板。好似高中每一场考试后都要订正卷子，我在每段事情过后都要复盘我的经历。我给自己暗暗下了几个小目标。

德育中期的时候我和几位老师分享自己的发现与困惑，现在想来应是"新我"和"旧我"的斗争，半个身子还流连于惫怠的自己，半个身子在冬眠后一股脑地想往前,综合起来的我就夹在中间不上不下,两边都偏爱,两边都顾及,在原地绕圈圈,又小步地走前。

人皆知努力尚有一丝希望,放弃便绝无可能,可是又害怕一切付出付诸东流。我始终以悲观的态度去看现在,以及想象未来。若是我拿出孤注一掷、全然不计较得失的心气去拼搏,或是干脆淡然些,是不是就会不一样了呢?

我无意中翻到自己高三时写的《奋忽若飘尘》,每次看都会感慨万千,倒不是自己才华横溢、字字珠玑,而是每次读时都能回想起当初一挥而就的潇洒,以一种昂扬又平和的精神去面对未知、面对将来,面对那一场大考。2019年10月18日,我在旧纸上又做了新的批注:"怎么觉得20岁的自己还不如当初那个18岁的年轻人?"18岁的自己尚能在懵懂无知中激励自己,不要害怕即将到来的一切,前面的日子都是最基础的证明与倚靠,成长不就是不断忘掉过去而拥抱未来,怎么20岁的自己反而畏手畏脚了?

所谓"年年岁岁花相似,岁岁年年人不同",我竟要从过去的自己身上学习,但我知道这并不是真正的"旧我",而是又一个"新我",只是保留了过去的影子,在一岁又一岁中蜕变成真正的自己。

惟见长江天际流

我经历了一个很漫长的考研期。疫情干扰了我的许多计划。所幸,我并未太慌乱,只是把一切事情都往后推延,于是考研显得格外漫长,将近一年在家的日子。

学校80周年校庆,我提前回校参与了晚会表演,相当紧凑的安排,我却有一种时钟上的针被拨动的感觉,一切慢慢步入正轨。

考研是一个人的考研。虽然身边有很多人一同努力朝同一个目标迈进,但进度快的仿佛明天就可以踏入考场,进度慢的恨不得再来一年。我就属于进度慢的,但是我安慰自己别怕,每个人的节奏都不一样,自己舒服最重要。虽然心里打着鼓,但还是一点点沉静下来

我也只是尽力把能做的都做了,考完不觉得特别欣喜,因为好像一下子就失去了目标。人不能闲着,一闲就会无所事事,胡思乱想,我急于思考下一步该做什么,不想失去学习的惯性。

我还有毕业设计,答辩,这些事情上我都宛若一个孩童,甚至都不如孩童,我的模仿太笨拙,不够灵巧。

我又在艰难地同惰性作斗争,"居安思危"简直应该刻在我心上。毕业

论文的致谢中我写道:"也曾多次怀疑过自己,是否担得上'成人'二字,是否有资格就对四年的本科生活做一个告别,如今我的答案还是待定,但眼前至少已不再是迷茫。"

  这也是我如今的困惑,在四年漫长的思考和实践后,复盘自己的所做与所得,那些问题的答案好似还是未知,但我已经学会不再执迷,因为没有意义,什么都比不上当下,什么都比不上现实。"孤帆远影碧空尽,惟见长江天际流。"我想用这句诗结尾,它太符合我现在的心境,不知道在期待着什么,但努力在眺望。一切缥缈的都会远去,但澄澄心自见。

青春不息,追梦不止

机械与车辆学院　张彭城

他匆匆地下了地铁,再过半个小时就要在一教的办公室和老师商讨数字化比赛作品修改方案的有关事宜,初晨微醒的阳光在熙熙攘攘的人群中穿梭流逝,他不得不加快了步伐。

可是,当他刚刚跨入那既熟悉而又陌生的校门时,紧张而有些慌乱的脚步莫名地慢了下来。

他仍清晰地记得第一次遇见北理工的情景。

那是高考炼狱后残酷的盛夏,在成绩公布后翻阅高考志愿填报手册的过程中,突然"北京理工大学"映入眼帘。距离志愿填报只剩下不到两天的时间,手中的笔因未知而不肯即刻动笔。父亲当机立断:"走!咱们去学校看看。"

于是在经历一天的漫长跋涉后,在挤过拥挤不堪的地铁后,来到了北京理工大学中关村校区。随父亲漫步在人来人往的校园大道上,当时正是毕业季,不少学子已在拍照留念,那一种学成之后的兴奋与激动在他们一张张秀气的脸庞上完全地显露了出来。与几个身穿学士服的大四学生交谈,他们不无感叹四年时光飞逝,言语举止中充满了年轻人所特有的蓬勃向上的斗志与朝气。

凉亭里老教师们安静祥和地坐着,不失那一种人生沉淀、经历世事后的宁静、淡泊与矍铄;初入学的奔跑嬉戏的孩童,欢笑着任由旭风拂过他们稚嫩、懵懂而又充满好奇的脸庞。每一个人都在享受着当下寸金难买的时光,每一个人心中都有着自己为之奋斗的目标与不断前进的方向。

"这,便是大学!"他由衷地感叹。

回家的路上,他按捺不住激动心情,无比坚定而兴奋地在网站上郑重地打上"北京理工大学",他的梦想、他的大学之旅也随之开始……

"德以明理,学以精工",良乡近两载,北京理工大学肃穆严谨的气氛、勃勃生机的校园，以她刚强的性格、铮铮的铁骨、清丽的气质、温柔的内心浸染、熏陶着他。

从此，徐特立图书馆与教学楼里多了一个早至晚归、行色匆匆的身影。他，在每个清晨稀薄而散发着金色的雾气中躲在斑驳的树荫下晨读，在某个天高云淡明媚风轻的下午用奔跑将汗水挥洒在操场，在每一个万籁俱寂、灯火阑珊的夜晚披星戴月地回到休息的港湾……草木枯荣、四季轮转，年轻的奋斗的身影从没停息。

通专融合，致知穷理

从步入北京理工大学的那一刻起，徐特立老院长倡导的"实事求是，不自以为是"的学风让他对每一门课程的学习都给予了高度的重视。内容翔实的专业课程，拓宽视野的通识教育，为他展现出无穷无尽知识海洋中的浩瀚一角，从而努力向"致知穷理，学古探微"的学习境界迈进。

他刻苦学习基础理论知识，专业成绩排名与综合排名第一，获评北京市三好学生、北京市优秀团员、校优秀学生标兵、校优秀学生干部等，入选"2017级洪朝生英才班"，获得国家奖学金、江麓奖学金、优秀学生奖学金一等奖等，学习优良率保持100%，选修工商管理双学位。

科研创新，学以致用

"团结、勤奋、求实、创新"，北京理工大学的校风一如既往地影响着一代又一代北理工学子。随着知识体系的不断丰富与完善，他从最初大学竞赛的新手，逐渐成长为各类学科、创新竞赛的积极参与者，并一步步向着轻车熟路成长。

团结一切努力拼搏的队友，脚踏实地地投入学科竞赛、科研创新之中，他先后获得2018"外研社杯"英语写作大赛北京市二等奖，第四届北京市大学生工程设计表达竞赛三等奖、团体二等奖，全国大学生英语竞赛三等奖，工程制图技能大赛二等奖，第十五届"世纪杯"学生课外学术科技作品竞赛三等奖，第十六届"世纪杯"学生课外学术科技作品竞赛创意组入围特等奖等，并从大一下学期陆续负责校级重点、北京市级大学生创新创业训练计划项目。

作为队长，他参加了数学建模相关竞赛（校赛、国赛、美赛），主要负责论文写作与部分建模工作，美赛论文通过建立模型研究和预测了苏格兰海域表面海水温度（SST）分布与变化情况，分析了SST变化对鱼群分布与当地渔业的可能影响并给出建议。他曾获2019年校级数学建模竞赛一等奖、2019年全国大学生数学建模竞赛北京市二等奖。他参加了大学生机械创新设计大赛，设计制作一种新型智能推拉窗系统，能够实现自动开关、防风通风等功能，适用于有台风等自然灾害的地区的家庭，主要负责固定机构设计与方案整合；作品在校内选拔中获得北京理工大学机械创新设计大赛一等奖与北京大学生机械创新设计大赛一等奖。

同时，他又参加工程训练综合能力竞赛（全地形物流小车），分别制作遥控与自主AGV小车，负责机械臂设计与部分调试工作。作品获得工程训练综合能力竞赛校级一等奖、2019年北京市大学生工程训练综合能力竞赛市级三等奖。

积极奉献，服务他人

在不断学习进步的同时，他感恩于他人在自己成长过程中所提供的帮助，因而逐步将学生工作作为自己的关注点。

大一担任三维成图空间副会长，妥善融入集体与组织中，组织内部成员完成学院、学校分配的工作任务。同时，担任北京理工大学国旗仪仗队护旗手，参与日常学校升旗等任务，获得"第九届北京高校国旗仪仗队检阅式"一等奖。

大二期间，任北京理工大学学业指导中心朋辈导师，利用课余时间为同学们提供学习辅导，获得"优秀学业指导小导师"称号；担任北京理工大学"青云社"带班班长，为家庭经济较为困难的新生同学提供帮助与引导；担任2017级本科生第二党支部书记、精工书院2019级本科生朋辈导师、能源与动力工程03221703班级班长等，充分发挥党员先锋带头作用。

"予人玫瑰，手留余香。"在帮助他人、服务同学的同时，他也从中获益匪浅。

躬行践履，行笃知行

"纸上得来终觉浅，绝知此事要躬行。"他深知书本的理论永远不能代替实践。"胸怀壮志，明德精工，创新包容，时代担当"，作为一名北理工学子，在肩负时代重任的同时，决不能将自己局限于学术的象牙塔之中。

秉持着实践的理念，他以"志愿北京"注册志愿者与北京理工大学筑梦志愿服务队志愿者的身份积极参与新生迎新、军训送水等各类志愿活动之中。在寒暑假期间，他利用假期时间先后参与香港暑期交流项目、党员湖南红色社会实践、辽宁葫芦岛市缸窑岭镇兴达学校支教、玉柴集团参观实习等社会实践活动。其中，党员湖南红色社会实践所属实践团队获得机械与车辆学院2019年暑期社会实践一等奖、北京理工大学优秀团队等荣誉及奖项；辽宁葫芦岛市缸窑岭镇兴达学校支教活动所属的"知溪恒德"实践团队获得管理与经济学院第十届"秋实杯"特等奖与最佳组织奖，还获评北京理工大学"优秀团队""优秀宣传推广""优秀实践视频"，2019年中国大学生社会实践知行促进计划"全国优秀团队""最佳传播奖"等。

文体兼修，博观约取

学习成长的道路上，永远不可能一直是阳光明媚、万里无云，考试发挥失常、竞赛成绩不佳时有发生，学业压力也会如山般压得人喘不过气来。最初遇到挫折，他总会不由自主地去质疑自己的能力，甚至有过畏难退缩的心理，但在与挚友老师深入交谈、个人总结反思之后，他渐渐认识到自己需要在生活中融入其他调节的元素，以组成绚丽多彩的大学生活。

在完成日常学习任务的基础之上，他参与各类文体活动。作为北京理工大学普通生田径队主要成员，在机械与车辆学院第十四届春季运动会的男子200米项目中以24.87s的成绩打破院运动会的单项记录，在首都高等学校第十一届秋季学生田径运动会中获得甲组团体总分第三名。忙里偷闲，他从尤克里里惬意的琴声获得身心的放松；闲暇之余，笔耕不辍，征文获得北京理工大学第六届"自强不息·励志成才"征文一等奖、北京理工大学第二届"我的北理故事"征文优秀奖、2019年国家奖学金获奖学生风采征文优秀奖等。

他很喜欢关于《采铜》的一段评论："这个世界上最可怕的人，并不是那些站在风口浪尖，看似翻手为云覆手为雨的人。在他们身上，你看得到膨胀的欲望，是如何将他们的生命力一点点地纯粹榨取，让他们变成宫崎骏笔下的蠢猪。这个世界上最可怕的人，是那些一直在你看不见的海面下生根发芽，将自己全部发展的人。他们不在乎海面上有多少商船，多少金银珠宝，他们也从不像那些浮游生物一样，和垃圾一起飘荡在海面上，期待好运气能把它们带去远方。不，你看不见的他们只是在海底下生长，长成大片的珊瑚礁。直到有一天，他们筑起了整个海岸线的城墙。"大学，从不该是整日宅在宿舍无所事事、消遣度日的消极颓废，不该是停留计划、不去实施的空虚低效。相反，正如习近平总书记所说："人的一生只有一次青春，现在，青春是用来奋斗的；将来，青春是用来回忆的。"大胆而无所畏惧地走出自己的舒适区去享受青春的豁然开朗，用风与雨、血与汗去磨砺、历练自己的成长发展，让若干年后回忆青春时没有悔恨而只剩下甘甜。

"岁月不居，时节如流，日月不肯迟，四时相催迫。"追逐梦想的道路上，须快马加鞭。

一轮春华秋实，一岁锦瑟华年。新的时代背景下，一张由千万学子描绘的画卷缓缓打开，一份镌刻美好时光的故事仍在书写。弹指一挥间，寒暑交错，耳畔悠悠歌声传来，他低头下意识地看了下时间，不由地再次加快了步伐，只是这次的脚步比以往更加地沉稳与坚定……

在树上

机械与车辆学院　王浩闻

傍晚时分，我读完了伊塔洛·卡尔维诺的小说——《树上的男爵》。这是一部寓言式的虚构类文学作品，讲述的是一个人为了反抗平庸和虚伪，而终身在树木上生活的故事。男爵柯希莫在一种理想主义的引导下，在与现实世界中人们的命运产生关联的同时，一直栖息于思想的树梢上，他因此看得更广，走得更远——尽管是孤独的。

当我去思索大学生活究竟教会给我什么的时候，脑海里总想到柯希莫。在这四年中，我愈发感受到独立思想之于一个人的重要意义，我曾在一个时期内随波逐流，也曾逆着人群朝自己的方向前行，这两种体验给了我很大的反差感。如今的我觉得，一个人应当要保留其独立的意识，并始终贯彻自己所选择的信念；同时，在他忠于思想栖于树上时，也不要将自己的命运与这世界隔绝开。

独立的人

大多数时间，我都是独处的。

记得从大学一年级起，我就独自一人去图书馆自习，一去就是一整天。这个习惯持续了四年。刚入学时，我经常在徐特立图书馆二层第三阅览室靠窗的那一排学习，阳光透过玻璃窗照射到书桌上时往往很刺眼，但我很喜欢这种明亮的感觉，阳光的炽热与图书馆里的冷气配合得刚刚好，我很享受那段时间孤独的自习生活。也几乎是从那时起，我开始逐渐培养自己的独立思考能力，以及独立解决问题的能力。遇到问题后，我首先想到的不是询问，而是自己解决——不管是用脑子想，还是动手查资料。那时认识的人很少，因此也没人可问，这种客观现状一定程度上帮助了我。第一学期结束后，年级四百余人中我成绩排名第一；大一结束后，我顺利地拿到了国家奖学金。

直到大学二年级时出现心理问题，我才意识到这段独自学习的经历有多么宝贵。

在一定程度上，初入大学的我在人际关系上也是疏离的，因此那时的我并不知道周围同学的水平如何。仿佛处在一个看不见的平行时空里，那里只有我一个人在学习，没有竞争和比较。那段独处的时光给予了我内心的宁静，我坐在书桌前，内心并无杂念，所关注的只有学习这个行为本身。可是，当我一下子变成了年级第一，压力感随之而来，我也越来越在意他人的评价。我逐渐意识到，大学二年级的我虽然在物理上仍是独处的，但是并不独立了——我虽然仍每天坐在图书馆里，但思想被各种评比、荣誉、竞争所占据了。这种状态直接导致了我大二第一学期的成绩下滑，我感到焦虑，并不是因为成绩本身如何，而是担心这种状态将在未来相当长的一段时间内影响我。后来，我开始在学校的心理咨询中心接受心理疏导，那时自己其实已经有意识地在挣脱现状了。大二下学期，当我决心不再关注别人的评价，只心无旁骛地做好自己的事情时，我的成绩又回到了专业的前列。

大学的前两年，在一种莫名热情的鼓舞之下，我决心毕业后去日本读硕士，然后过出自己的人生。从某种意义上讲，那是我生命中第一次，依照自己的想法来规划未来，我因此而激动不已。我自学日语，考托福，总结日本各大学院的研究室和导师信息，在所有人朝着一个方向走的时候，我好像在逆流而行——这是我当时真切的感受。现在回想，那时的我可以说是独立的，我做了一个决定，然后孤独地朝着那个目标努力。但是，新冠肺炎疫情的肆虐，为留学带来了极大的不确定性，我于是选择保研留在了国内。但我内心清楚，相较于疫情的现实因素，我内心对未知的恐惧，以及自身性格里循规蹈矩的懦弱，才是将我与梦想阻隔的真正原因。但我仍认为，这段经历很有意义。我体会到了一个人为了自己定的目标而努力时的巨大欢愉，也体验了不能坚持自我、选择朝大方向走时的失落与遗憾，这一点或许和柯希莫有点相似。

大学四年间，我读了不少书。哪怕是在课业最繁忙的那段日子，我也能坚持完成自己的阅读目标。与此同时，我还经常写作。闲暇之余，我创立了一个自己的公众号，偶尔发一些文章和想法在上面，但实际写下的东西远比发布在那上面的多。我高中时遇到了一个很好的语文老师，由此养成了写作的习惯，写作和阅读对我而言是一种对现实的有意回避，也是保持思维独立的绝佳途径。我所能经历的事情太有限了，而未来又充满未知，读书是最便捷的经验获取方式。我曾经读过的那些书，都或多或少地影响了我如今的人生观和世界观，我因此变得没有那么患得患失，也更加愿意去思考。伴随着从书中获得的感悟，我度过了大学中非常自卑、失落、自我怀疑的阶段，也逐渐对所处的世界有了更深刻的认知。

诚然，我远没有达到柯希莫那样崇高的精神境界，尽管我曾经按照自己独立的精神生活了一段时间，但最终还是妥协于现实顺着人流行走了，这也是我大学最遗憾的事情。但我仍乐观地认为，自己的双手已经扶到了树杈上，双脚也尽可能地向上抬了。希望未来的人生中，我能坐在树上看看风景。

与他人产生联系的人

柯希莫在树上生活了53年，但他从未断绝与外界的关联。他在树上学习知识的同时一直在为人们做好事，同时与人们交流——他仍处于社会之中。离群索居的人往往被认为是孤僻而古怪的，他们通过断绝与他人交往的方式实现某种独立，伊塔洛·卡尔维诺认为这样不可取。一个文明社会的人，本身就处于一张复杂的关系网中，人们通过这张网沟通情感、构建关联、寻找共性、获取知识——它的作用是帮助一个人理解所处的世界。但是，如今的人们沉溺于社交媒体和即时娱乐软件，理解世界的工具变成了生活的主体，我们被这张网所主宰，而并非根据个人的意志利用它。深陷这张网的人很难再静下心来思考，也很难保持独立，因为碎片化的资讯和与陌生人虚无的关联早已将他们的精力占据（他们却乐此不疲），人们怎会还有余力"爬到树上"？同时，"非思考"的状态往往被认为是轻松的，人们也总是有避重就轻的趋向。我认为比较好的生活方式是：应以在树上为前提，与有价值的人们沟通，同时拒绝无用的信息输入。

在外人看来，我还算是一个善于沟通的人。自入学以来我就一直担任班长，大二那年还在一个学生组织担任副主席，所负责的恰恰是最需要与人沟通的新媒体。在最初，我把新媒体看作是一个抒发自己情感、传递价值观的途径，后来，我在文章的留言处看到了一些读者的反馈，便开始逐渐地将从前单向的价值传递转换为双向的沟通交流。再后来，我担任副主席，组织里有很多事情需要处理，也有很多创新的点子需要被变为现实，沟通变得愈发重要。那时我们每周都有例会，会议的目的就是发生思想碰撞，产生有趣并且有价值的创意。这段经历让我受益匪浅，每个人都通过自己的思考挖掘生活中的细节，然后再将个人的想法传递出来，最后共同实现。"思考—沟通—协作",这是一个良性的循环。

在与他人的交往中,我还体会到了责任感和成就感。一直以来,我都认为能被他人信赖并依靠,是自身价值的一种体现。还记得有一次深夜,我们几个新媒体的同学需要赶一个急稿,时间紧,任务重。那时我刚成为新媒体组织的副主席,在相关领域较其他同学更有经验一些,于是便担任了负责人。我设计完推送架构后,便安排各位同学负责不同的部分,并保持一定频率的汇报与反馈。过程中遇到了一些阻碍,但都及时地解决了,最后任务顺利完成。后来,一位当时参与撰稿的同学跟我说,那天晚上觉得我是一个很靠谱的人,是一个值得被大家信赖和依靠的人。我于是变得更有动力,也更加愿意与人沟通,并发挥自己的特长。

在大学的时光中,无论是与老师的谈话,还是与优秀同学的交流,抑或是与志同道合同学的合作,都让我觉得自己在学习一种新的知识,一种经他人体验后仍认为有价值的知识。我也曾在多个场合分享我的经历和想法,这也是一种沟通,是我将那些对自己有帮助的信息传递出去,希望因此而帮助到一些人。在这种"输入+输出"的模式下,我所接收到的讯息都在涵养我的思想,我的所思所想也能及时地被他人了解并反馈,这是我认为比较好的生活模式,也是一种正确的处理关系网的方式。然而,我也曾长时间沉溺于短视频和社交网络之中,直到我从心底感到疲惫和不满足,但过段时间后又情不自禁地开始"享受"网络社交。这也是我今后人生中需要改变的地方。

尾声

我很难用"好"或者是"坏"这种确定的词语去描述大学这四年,大学的复杂性或许恰是其意义所在。从现实的角度来看,我是比较成功的:拿过两次国奖和七次一等奖学金,获评过学校的年度榜样,最后也保研去了不错的学校。我的确为自己感到自豪。但与此同时,当我从个人的角度审视这四年生活时,总感到失落和遗憾:我好像一直在完成指标,而没有问过自己究竟想要什么,曾经向往的生活好像离自己愈来愈远了。一个独立的人,应当倾听自己内心的声音,并把其思想反映在行动之中。希望自己今后的人生,可以多思考一下这个命题,然后做一个独立但不孤僻的人。

忆四年，思己过，立新篇

自动化学院　吕泓池

非常荣幸能够就读北京理工大学，我的德育答辩主题是"忆四年，思己过，立新篇"。

忆四年

匆匆四年，转瞬即逝，诸多记忆似在眼前，在良乡和中关村分别度过了两年时光，收获了诸多回忆。如今毕业离校在即，思绪复杂。

我很荣幸能与我们班同学相遇，也很抱歉，对班级活动和班级建设参与度较少。在这三年中，让我印象最深刻的是 2019 年的 4—5 月，班长结合四川凉山火灾创作了剧本《逆行者》，全班近半的人参与排练和后勤服务，最终我们班拿到了二等奖和最佳女角色奖。决赛的那一天，我既是工作人员，又是演员，虽然很累，但很开心。在班级同学的共同努力下，我有机会站在大学校园的舞台上，为班级争取荣誉。非常感谢大家。

我曾加入延河之星志愿者总队，带领班级同学一起参与志愿活动。我从中收获了很多，交了很多朋友，积累了很多工作经验，锻炼了自己的能力。但因一些原因，我在 2020 年 10 月正式告别了部分志愿工作。当然，我还是要感谢这个平台，让我有机会接触到全校各个学院各个年级的同学，让我这个宅男不是特别宅。

四年的故事太多，在这个主题下，我的笔触只能简单概括。

（一）学习

在学习方面，大一高等数学、大学物理带来的冲击令我一时难以抵挡，在缺少强制学习的氛围里，我难以像高中一样自我约束，进而不能用时间堆砌对知识的理解，最终导致在学习方面一败涂地。接下来的大二大三也曾努力挣扎过，但终究败给了缺乏自制力的自己。

（二）交际

以前的我，交际面几乎仅限班级内，说话做事不太过脑子。四年时间虽然有不少提升，但是还是有很大不足。在延河志愿服务团队的两年多，我不断接触陌生同学，接受新的挑战，遇见新的突发状况，在有意的锻炼下，在待人接物方面有了很大提升。

（三）其他

感谢组织厚爱，在中国共产党成立百年之际，我很荣幸成为一名中国共产党预备党员，我承诺在自己未来的生活中，牢记党员责任，履行党员义务，在自己的岗位上勤勤恳恳、兢兢业业工作，为祖国建设贡献自己的力量。

四年时间，胖了十斤，重回高考巅峰体重，还能接受吧！

情感方面，我还是"小白"一个，未曾在最好的年华经历过爱情的滋润。

思己过

俗话说"静坐常思己过"，在这四年中，我大四上学期最迷茫的时候才认清现实，可惜为时已晚。没有人一生中每个决定都是正确的，即使有些道理身边的人一再唠叨，在遇到选择时还是会做出错误的决定。前几天我与父母通话，父亲对我说："你现在经历一下也好，给自己长个记性，能牢记一辈子。"是啊，道理大家都懂，但是有些时候还是会走错路。人只有痛过才会长记性。我日后会以自己本科的经历时时鞭策自己，牢记教训。

（一）缺乏目标指引

在这四年中，过得浑浑噩噩，相比于高中的目标清晰明确，大学四年没有给自己树立明确的长远目标，并由此缺乏奋斗的动力，在迷茫中踌躇不前，虚度时光。这是我大学四年生活最大的遗憾。人的一生应该是一直不断奋斗的，要在充满热血激情的岁月里，不断拼搏奋斗。希望大家能够以我的经历为警示，未来在人生的各个阶段树立明确合理的目标，并不打折扣地努力实现。

（二）做事需分清主次

回忆起自己大学最重要的前三年，我觉得我在最应该学习的时光没有把握住主次，在学生工作中虽然收获了很多乐趣，得到了一定的锻炼，但是，我没有在对应的时间做对应的事。如果我在过去的时间里能将热情用在学习上，结果也许会有很大不同。但是生活每天都是直播，没有存档，不会给我们机会重来一次。所以，一定要分清主次，为自己的人生负责。

（三）缺乏自制力

小学二年级开始住校，让我对学校强制早晚自习、强制作息的生活产生了过度依赖，对大学这种半自由生活难以用自制力要求自己，然后导致自己在自由安排的时间里不能做到高效地学习，对自主学习的欲望也不强烈。虽然知道自己的学习新知识的能力很差，但是由于游戏等因素的干扰下，自制力归零。在很大程度上，影响了我对专业知识的学习。

立新篇

人生需要不断反思过去，总结经验，然后重新树立新的目标，并为之努力奋斗。已经发生的事我们没办法改变，但是还未发生的事充满了变数，只要我们不断努力，辉煌的未来总会有机会取得。

毕业一年内，我给自己的目标是再次考研，拿出高三的精神状态，用自己未来的一生为压力来源，督促我认真准备。

如果一年后，顺利地有书读，我将继续用中学的学习状态，吸取本科四年的教训，将心思花在努力钻研专业知识上，将自己的研究生生活过得充实。

如果未能继续学业，在工作上，我希望自己能够找到一份跟活动策划相关的工作，虽然跟自己的专业不搭边、收入可能也相对较低，但是我确实很喜欢。

结 语

最后，感谢老师和同学们几年来在学业和生活上的照顾和陪伴。马上，我们就要分别，很多人将不会再有交集，即使有聚会也很难聚齐。在未来的回忆中，北京理工大学自动化学院06721701班是独一无二的。"小泓"这个陪伴了我四年的昵称也会永远驻留在06721701班。

　　愿未来各位有志科研的同学能不断破解难题，成为学科带头人；愿各位在公务员岗位的同学能够成为一方骨干，用自己的智慧为人民服务，做人民好公仆；愿各位在企业的同学能够快速成长，成为管理精英……

　　山高路远，未来可期，祝大家未来一帆风顺。

沿螺旋楼梯行至塔顶

自动化学院　潘政霖

大学是一座象牙塔，其中的挑战是向上的阶梯，自身的成长和发展便是沿着阶梯螺旋上升的过程。

本文将简要回顾大学四年中自己的收获、成长与改变。文章分为三个主要章节：第一章从工作学习成果、爱好技能培养、素质延拓三个维度对2017—2021大学本科经历进行总结。第二章主要对撰文时现状进行简要评估。第三章，对未来长短期进行最新规划，介绍职业规划，技能培养计划等。

经历总结

（一）工作学习成果

1. 学习成果

较之高中，大学学习模式变得繁多而复杂：将近一百门课程，似乎每门课程都有深厚的内容，远不是短短十几周可以参透的。更多时候，课程的学习没有大量的题库可以反复推敲，没有多年的试卷可以依赖。以了解代替钻研，学多而不精，是大学学习中看似最不合理的地方。良乡时期，自己仍沿着高中的轨迹，以学习为主，大部分时间停留在教学楼与图书馆，学习成绩也相对来说较为靠前。这一模式随着迁居到中关村校区被逐渐遗留在身后。大三，对专业间断的迷茫导致了学习态度上的懈怠，专业成绩有所下降；直到大四阶段才从同龄人身上参悟到脚踏实地的作风，成绩有所回转。

诚心而言，大学四年间成绩呈凸函数的状态让自己参悟了不少哲理，也加深了对自我的认知。

- 个人身处的环境会对心态造成深远的影响。结合个人状态而言，在自己不那么感兴趣的专业领域工作，会滋长懒惰习性与安于现状的负面态度——尽管此专业具有良好的前景。因此，日后决策不妨考虑这一因素，为兴趣分配更多权重。

- 脚踏实地是成功的不二法门。这条尽人皆知的箴言游离于身外，直至大四时我才真正理解并践行这一准则。人的精力并非无穷无尽，能做好的事情也有限，但是在最重要的方向上，必须实打实地提高自身能力。或者说，只要这样做了，事情最终就会总体呈现出不令自己感到后悔的成果。

2. 社团活动

大学期间令人印象深刻的社团活动有两个：校机器人队和青协志愿活动。在机器人队我找到了计算机视觉这一自己感兴趣的发展方向，并不再迷雾行舟。在机器人队的那段时间，我获得了大量练习摄影的机会，也收获了爱情，我深感幸运。青协的志愿活动，使我体验到了奉献社会的快乐感。

（二）爱好技能培养

1. 摄影

摄影是我尝试的众多爱好中最为成功的一项。大学生活为我的摄影活动提供了数不胜数的机会。参与支教和班级团建活动，记录团队活动；与同学结伴旅游，捕捉迷人景色；毕业离别，为同学拍照留念。我还参加了一些摄影比赛，获得了一些奖项。

从感兴趣到热爱，再到擅长，摄影作为一条贯穿了人生将近十年的射线，在大学期间提高了其斜率，在离开大学的那一刻突破了阈值，并持续保持上扬的趋势。

2. 英语

贯穿生活的射线不止一条，英语同样保持了不断上扬的趋势。但与摄影相比，其中多了些许苦涩。从大一在徐特立图书馆开始练习雅思真题，到暑期一个月的口语练习，再到备考两个月 GRE，最后于毕业重逢雅思——英语学习总伴我左右。这动力源于由衷的热爱，也源于压力。英语学习占据了一名自动化专业学生的大量学习时间，也产生了出乎意料的效果。在不断学习英语的过程中，我拓宽了视野，提高了语言能力。

3. 日语

第三条射线便是日语。相较于前两者，它略微青涩，日语在我进入大学后才开始扎根。2019 年暑期获得了日语 N3 证书。

（三）素质延拓

在现代社会，个体的思想发展主要受到其家庭背景及所处社会环境的影响。在中国，个体形成价值评判体系的阶段主要在高中及大学：由于教育体系的影响，高中学生所处环境主要为封闭式校园，因此家庭因素主导地位；而大学能够提供开放、丰富的发展环境，同时远离家庭，因此所处社会环境为主要因素。大学阶段作为与工作阶段的对接，也是决定人生发展的关键节点。

1. 哲学体系与马克思主义

哲学今日的意义不在于探讨世界的本源，而在于引领人思辨与生活。对于柏拉图、亚里士多德等古人的训诫，其现代意义在于激发人的思辨意识，引领我们进行不断思考和学习。

我对于马克思主义的深入认识，源于经济学的学习。在学习微观经济学和西方哲学课程的基础上，我开始阅读马克思主义理论著作，并就所学进行深入思考，撰写笔记，逐渐形成自己的认知。另外，学习马克思主义不能仅停留于理论课程，结合时代与生活的理解更加重要。当然，对马克思主义的理解，不能剥离对马克思个人经历的了解，站在一个个体的视角去审视另一个个体，看到马克思那个时代的压迫与剥削，还有世间的反抗与救赎，察觉这伟大灵魂的闪耀，才更能与马克思共情，成为真正的马克思主义者。

2. 11 Commandments

美国国父富兰克林年轻时为自己规定了十三修身戒律，其目的在于约束自我，修身养性。通过大学四年的自我观察，我发现了自身的不足，借鉴富兰克林的做法，结合自身实际，提出了具有针对性的 11 条 Commandments，要求自己不断坚持，在坚持中获得成长。

（1）Ever keep your days new. 永远保持生活的新鲜感。每一天与前一天的日程安排要有所不同，以提高对生活挑战的耐受力。

（2）Be out of your comfortable zone. 走出个人的舒适区，勇于接受新的挑战，就如所有的紧张都是突破一样。在这种环境下会获得真正的成长，拓宽人生阅历。

（3）Do sports when wrecked. 在感觉到生活乏味时，去跑步、去游泳、去打羽毛球，利用运动中释放的多巴胺将生活的激情重新点燃。

（4）It doesn't matter sometimes. 不是所有的事情都与你有关，不是所有的竞争你都参与其中。无谓的介意会招致嫉妒与自卑、狂妄，消耗意志，污染美德。

（5）Entertainment's just seasoner. 勿沉溺于声色犬马，事后空虚带来的恐惧是恶性循环的开端。

（6）Never ever edge in to smug. 勿班门弄斧，不懂装懂。即使在自己擅长的领域，也永远不要变得妄自尊大。它会导致别人对你产生鄙夷，同时也阻碍你对自己的认知。

（7）Go into fairy land when absurd. 被生活的荒诞击败时，去爱尔兰的高地上漫步，去法罗群岛徜徉，去育空和努纳武特地区看看，返璞归真。

（8）Take any chance to be tougher. 所有杀不死你的，都将使你更强大。把所有的失败与困境看作成长，是超过绝大部分人的强硬心态。

（9）Keep strengthening connections. 重视你的人际关系，多参加一些人际交往活动，不要待在固定的圈子里，去拓宽自己的人脉。

（10）Plan your day in advance. 提前规划第二天的日程安排，有助于提高你的工作效率，保持你的生活热情。

（11）Stick to your dream. 坚持你弥足珍贵的梦想。

3. 审鉴水平提升

阅读优秀的书籍是人提高自我修养的方法。我从《千年一叹》和《行者无疆》中感受了人类千年文明的繁荣与沧桑；从《每个故乡都在消逝——自然忧思卷》中共情到了物是人非的故乡。我也阅读了一些与专业学科和技能培养相关的书籍。我最近在阅读《夏季走过山间》和《绝世美姿》等。客观而言，我在大学四年中阅读的著作不过寥寥数本，远没有达到欧美各国人均年20本的阅读量，但有限的阅读中触发了我一定的思考和感悟，深化了对世界和社会的认知。

除书籍外，一些优秀的影视作品，也在一定程度上滋养了我的丰富思维。例如，《寄生兽：生命的准则》批判了人立于神坛的自傲；《进击的巨人》塑造了充满矛盾与无奈的世界；Bojack Horseman 在那似是而非的悲剧和虚无主义包裹下，露出的是对生活最顽强的意志……在欣赏和思考影视剧中的矛盾结构和人物形象的同时，我的审鉴水平也在不断提高。

现状评估

时值毕业，依据自身当前状况进行一次大概评估。

作为自动化学生，我的英语成绩良好，同时具有赴美访学经历。此外，曾经参与过较多的学术项目，发表过专利。

我四年成绩基本稳定在年级35%左右。目前对自动化专业知识掌握一般，主要发展方向为计算机视觉。自身实践经历较少，尚没有去过企业实习，从事研究的论文自己参与内容有限，还不足以真正训练自身的学术能力。

展望与规划

（一）职业规划

我对目前能力情况具有一定认知，同时发展方向较为明确。就长期而言，我希望持续保持英语方面的优势，同时在计算机视觉领域中稳扎稳打，提升应用和研发能力。就短期而言，我将提升计划力及行动力，加强信息的获取，为个人发展蓝图提供细节修正；主动申请科研助理和实习岗位，提高自身的学术、工作能力。

（二）技能发展

摄影方面，我将从业余向专业过渡，不断学习新的摄影技术和技能，挑战更广阔领域。

英语方面，我将以应用为目的，继续脚踏实地地积累，提高口语水平。我准备将日语学习也坚持下去，利用空余时间习得一门语种。

结束语

大学是一座象牙塔，其中的挑战是向上的阶梯，自身的成长和发展便是沿着阶梯螺旋上升的过程。大学生活的终点将至，我行至塔顶，俯瞰苍莽大地：山间隐现的小路上走来的是高中奋斗的自己；塔脚瞻仰感叹的是即将进入大学的自己；在阶梯扶墙喘气的是陷入大学迷茫的自己……立于塔顶，过往尽收眼底的是现在的自己。极目远眺，一片广阔无垠倒映着星空的浩瀚，北斗遥指未来。

最后以两句深感赞同的真理自勉：

行动是绝望的解药。

墙高万丈，挡的是不来的人。如果有人真的想要越过那座墙，他一定会去找门找窗，找一切可以越过它的途径。而那个人什么都没有做就叹了口气走开，或许在他转身的时候，还有几分如释重负的窃喜。

致青春，我的大学

自动化学院　肖名鸣

弹指一挥间，又是四年。这四年是青葱的大学四年，是人生中珍贵而美好的四年。这四年，我们留下了几多梦想与渴望，又收获了几许自信与坚强。每一次尝试，每一声叹息，都在大学四年的日子里沉淀为永恒。站在毕业的门槛回顾自己的大学生活，蓦然发现，曾经的一切是如此让人留恋。

曾听过有人将大学四年分别用鲁迅先生的四部作品来比喻，即《彷徨》《呐喊》《朝花夕拾》《伤逝》。入学前，我想，我不希望自己的大学也是这样，我希望自己的大学能像王国维先生提到三种境界。

昨夜西风凋碧树，独上高楼，望尽天涯路

（一）立笃学之志

四年前的那个夏天，稚气未脱的我们怀着梦想和憧憬踏入校园，和来自天南海北的同学一起走进一段新的人生旅程。走在宽阔的校园路上，坐在敞亮的教室中，望着老师们充满智慧的明眸，听着优秀学长学姐们的经验分享，我们摩拳擦掌，跃跃欲试，想象着自己也能在大学四年里书写绚烂的一章。曾听到过很多类似"到了大学就轻松了"之类的言论，但作为北理工学子，我明白要学的还有很多，路还很长，大学只是起点。我在新生的"大学青春人生"讲座上，或者是更早，就立下了笃学之志，提醒自己应当勤学多思，不能虚度大学时光。我决心认真完成课程学习，打好专业基础，达到成绩优良，争取奖学金。作为自动化专业的学生，我清楚自身专业技能的缺陷、实践创新的能力不足，所以大一时就定下了一个小目标，多参加科创竞赛，多参与实践活动，提升专业素养。我知道选择自动化专业必然会遇到很多困难，但我相信"顽强的毅力可以攀登世界上任何一座高峰"。也许很多年后，我

再想起大学的四年,可能又是另外一番情景,但是有些事情是永远不会变的,就像是克孜尔千佛洞上的青金石"光辉灿灿,若众星之丽于天也"。

(二) 立修身之志

从踏进大学校园那一刻起,我们就开始了人生的新旅途,一段学着独立和成长的旅途。大学不只是学知识的地方,也是我们学做人、学做事的地方,是我们步入社会前接受锻炼和考验的地方。不再有父母为我们保驾护航,我们要学着自己成长。我不希望自己成为一个只会学习却不会适应社会的人,所以在刚入学时,我告诉自己,不仅要学知识,还要学做事、学做人。我希望我能在大学多参与学生工作,通过实践活动学做事,通过观察贤者学做人。古语云"修身,齐家,治国,平天下",修身便是我大学里的重要一课。我提醒我自己:为人要有风度,站立要有高度,做事要有法度,工作要有热度,思维要有深度,待人要有温度,嗜好要有适度,行进要有速度。修身之事诚不易,然举足轻重,恒且亦坚,方成大事。

(三) 立通才之志

海阔凭鱼跃,天高任鸟飞。在大学这个舞台上,每个人都有很多机会尽情绽放。古有君子之"六艺""八雅"。在大学,我们同样可以发展各式各样的兴趣爱好。我在大学之初立下通才之志,期望自己能成为一个全面发展的人。正如苏霍姆林斯基所说:"真正的人是具有和谐的、多方面精神生活的人。精神世界、精神利益与精神需求需要丰富。要善于利用和珍惜精神财富,要看到和发现它,并使之在个人的内心世界里人格化。"贝弗里奇也说过:"成功的科学家往往是兴趣广泛的人。他们的独创精神可能来自他们的博学。多样化会使人观点新鲜,而过于长时间钻研一个狭窄的领域,则易使人愚蠢。"我虽学艺不精,但涉猎甚广,期望在大学里找到兴趣相投的伙伴。我希望在文艺活动中陶冶情操,于体育活动中强健体魄。大学是一种生活,是万尺高空、自由翱翔的生活;大学是一种状态,是努力发光,追求自我的状态。

衣带渐宽终不悔,为伊消得人憔悴

(一) 守笃学之志

人贵于志,学贵有恒。我在大学的学习过程中,并非是一帆风顺的。从高中过渡到大学，一方面对课程体系不适应，一方面对大学的学习模式不习惯。从小成绩优秀的我在大学也并非每次都能取得好成绩，没有达到期望的感觉并不好受，曾经怀着雄心壮志的我仿佛被浇上一盆凉水，无助、失落、彷徨，自我怀疑。我经常问自己：我真的适合学工科吗？我选择自动化专业真的正确吗？或许是习惯了前行，即使喘不过气，也依然没有停下步伐。我告诉自己，再慢也好过停止不前，只要不放弃，终究可以走出荆棘。我提醒自己，要接受自己的缓慢成长，只要坚持，终究可以破茧成蝶。在紧抓课内学习的同时，我也没有放松对专业技能的锻炼。即使课程繁忙，我依然咬牙参加了各类科创竞赛，查文献、找资料、学操作，虽然辛苦，但很充实。

（二）守修身之志

学生工作一直是我生活中的重要组成部分。我担任班长、副团支部书记，加入学生会、新闻中心。我始终铭记自身职责，不辜负老师和同学的信任和支持。我时常问自己"什么是学生干部、为什么能当学生干部、怎样当好学生干部"，以此不断提醒自己身为学生干部的责任。我以"严于律己、宽以待人，以身作则、榜样引领，亲力亲为、小事化了，上传下达、大事汇报"作为学生干部工作指导，努力成为集体建设中的精神领袖。我知道：要有坚定的理想信念，有一颗服务同学、甘于奉献的心；要有明确的工作中心，掌握一定的工作方法；要有大局意识和全局观念，善于选择最佳方案，实现整体的最优目标。我时刻鞭策自己不忘初心，以最大的热情服务集体，不断提高组织领导能力，以更好地服务于同学们。

古人云："大学之道，在明明德，在亲民，在止于至善。"我也利用课外时间积极参与志愿服务活动。从流浪猫狗志愿服务、地铁志愿服务，到义务献血、山区支教等，我在志愿服务中，培养自己的奉献精神，回馈社会，担起时代青年应有的社会责任。

（三）守通才之志

源于我自小接触各种乐器，学习多种唱歌技巧，对音乐的热爱刻在我的骨子里。大学期间，我参加"一·二九"合唱比赛，担任过领唱和朗诵；参演过交响合唱音乐会；导演并主演过样板戏。音乐艺术让我的感情体验逐步充实、不断丰富，情操得到陶冶，精神得到愉悦。我喜好书画，大学期间更留恋于翰墨飘香中。每每执笔，扑鼻而来的墨香总能使我的心沉淀下来。书法最考验耐心和毅力，执笔静心，一气呵成，心静方能成书。于点横撇捺、起承转折中感悟人生，寻求一方宁静。凭借书法特长，我参与了"送春联"活动和"书法进课堂"活动，将书法这一中华传统文化发扬传播出去。我静如处子，动若脱兔，在大学期间参与了各类体育活动，从篮球赛、排球赛、乒乓球赛、网球赛，到柔道比赛、轮滑赛、运动会，丰富的文体活动让我结识了更多朋友，精神世界更加充实，为我的大学生活增添了一抹亮色。

众里寻他千百度，蓦然回首，那人却在，灯火阑珊处

（一）得笃学之志

我庆幸自己没有放弃任何一门专业课，庆幸自己硬着头皮参与了那么多科创活动，庆幸自己即使再疲惫也咬牙坚持了下来。我的努力和坚持让我每学期都获得了学业奖学金，让我成功保送了直博，让我获得了一项又一项曾经不敢想的竞赛奖项。如今的我对自己的专业能力已经有了自信，对即将走上的读博之路也越发期待。"多年后你会感谢曾经努力的自己"，这句话曾一直激励着我，回想起初入大学时立下的笃学之志，现在即将大学毕业的我验证了这句话。

（二）得修身之志

经过四年学生工作和志愿服务的锻炼，我感到自己已经越发成熟，面对突发情况更加淡定，处理人际关系更加得心应手。一项项的班级荣誉，一次次的评优提名，我的工作能力得到了老师们的充分肯定，也因此多次获得"优秀学生干部""优秀团干部"等荣誉称号。同时我也掌握了海报制作、拍照摄影、视频剪辑、新闻采访、公众号运营等多种技能，收获之丰令我自己都暗暗称奇。

（三）得通才之志

利用大学这个广阔的舞台，我充分发挥了自己的兴趣特长，在学校各类文体活动中闪闪发光，获得许许多多的奖项荣誉。在活动中，我不仅找到了志同道合的伙伴，更进一步拓宽了自己的见识和能力。赛场上奋力拼搏的身影，舞台上自信张扬的身影，每一次尝试，每一次投入，都是我在用行动证明：心有执意，梦想不绝。

今看花月浑相似，安得情怀似旧时

2017 年的夏日，人海中可曾有过际遇？2018 年的白雪，是否还记得我们的足迹？2019 年的秋风，是否荡漾过情感的涟漪？2020 年的清晨，是谁见证了我们的努力？2021 年的今天，天空中怎会萦绕着离去？熟悉的眼眸里，为何翻转着泪滴？

如果说人生是一台戏，那么大学生活便是戏中最精彩的一幕。青春时代的大学生活就这样过去了。毕业，是一场青春的盛宴。挥手告别从前的稚嫩，抹去一身昨日的铅尘，背上行囊，怀揣梦想，踏上征途。青春散场，我们等待下一场开幕。

滋 味

计算机学院 龙锴

有三个问题是我们一直都在思考着的:"我是谁？我从哪里来？我将去往何方？"

过去，存于影

2021年的高考才刚刚结束，清风仿佛又捧来那熟悉的中学铃声和下课后的嘈杂。依稀记得四年前也是在类似的夏夜里，伴着头脑微微的昏沉与眼皮的沉重放下书本，走到三楼的平台上望着山城的天空。城里天空都没有乡下清朗。然在市中心那样一块地方，风吹过黔灵湖和猴子们居住的树林，拂过我们的脸庞，仿佛就带走了一整天的疲惫，我们又走进了书堆里，进行着一遍又一遍的复习笔记和刷题。那样的日子里，也许当初只感到夏夜的燥热与复习的枯燥乏味。但现在想来，却只记得一幅幅或认真或亲切的脸庞，还有无数与老师同学共处一堂、共同奔跑的时刻。

"求知若渴，谦虚若愚"是我中学恩师在我毕业时给我留的一句话。现在看来，我未曾始终将之铭记于心，贯于言行。离家千里半，陌生的环境、陌生的人语、陌生的学科，总是令人一时间难以消化。也许是对好不容易争取到的过去带着留恋，也许是自卑和茫然，我很难在一段时间内调整好我的航向，而只能在原地旋转，或者随波逐流。我曾参加过学校、学院，甚至企业的若干竞赛，但强者如林，我这卑微的水平难堪入目。在四年的综合成绩中，我排名82，在年级50%左右，难令人满意。纵观大学四年，挂过一次科，拿过一次奖学金。

回顾以往，基础扎实真的非常重要。且"治学以勤勉，而学以致用"，只有将学到的知识去发挥运用出来才能真正掌握，而且这也不是尽头。算法之上还有更高深的算法。刷题时才知原来那些知识还能这么用，原来算法不止教科书上说的那几种经典，原来我们学到的，从来都不够。

"人生若只如初见，何事秋风悲画扇。"情感是一个人的重要组成部分。在高考之后的一个夏夜，我怀着激动和期待，跟一个女孩表白。那是相隔千里半的情感寄托，是我在陌生的校园里不多的关怀和慰藉。而在第二年的初冬，当这份千里半的缘分，好不容易变成了30分钟的高铁的时候，初冬的风突然把它吹断了。在那个周六，一个人带着两张票，故宫里所有的游客喧嚣与朱墙银杏的清净，仿佛都与我无关。之后便是一段令人不堪回首的黑暗的过去。不过很庆幸，在朋友和同学的陪伴下，我渐渐走出了阴霾。阴晴云雨，都是生活的组成部分。

回想起之前的日子，我们把"理想、奋进、勤勉、爱恋、拼搏、悲伤与命运"等一系列生活的姿态都杂糅到了青春的光阴里，这样的青春注定是独一无二的。在青春的平面上，几乎没有重合的两条线。"一切过去了的都会变成亲切的怀念。"有些回忆确实不堪回首，但大部分，都是令人神往的过去。无论是与同学老师的谈笑日常和严谨的活动筹办，还是国庆庆典前一天在天安门东边小巷躺马路上的凌晨，或是5点起床赶第一趟班车去东方时尚的大半个月，或是傍晚天津河畔的凉风，都是值得珍藏的、鲜活的生活姿态。

现在，浮于镜

高中三年在桌案上埋头试卷和习题的奋笔换来的四年大学光阴，现在已经消耗殆尽。这四年，过得比任何时候都要快得多。

"去发现生活的真相，然后依旧热爱它。"罗曼·罗兰的这句话，被我一直以来奉为生活箴言。过去发生的一切，都存在于自己的影子里，但人都需要向前看，往前走。

我在努力完成课程项目的同时，每天刷刷题目，活动活动脑筋，这是每天给自己定义的必修课。曾经每周固定两次游泳的习惯，也因为环境的改变而改变。人烟稀少、树荫怀抱的小道里的一丝丝自然的清凉，让我一遍又一遍重拾对故乡大山深处的记忆。或许是心底最深处的思乡，让我感觉城市的沉闷。

在2020年后来的日子里，因为数学太差，考研没有进入复试。从返校开始，我就一直在看校招的相关信息，我在长达3个多月的日子里都在努力寻求工作的机会。前后笔试二十多家，最终拿到录用通知的有2家。这依然是值得庆幸的。从某方面来说，找工作的过程，也是一个拾掇过去、反省自我的过程。

在一开始就有一个努力的方向很重要。当你在充满迷雾的大海上，一座灯塔总是能够让人充满着希望。没有方向，便只能听凭风引，随波逐流，在大浪打来的时候，被无情地打碎和吞噬，消散于时间的潮水里。无论怎样的方向，是升学深造，还是步入社会，有了方向就拥有了动力，就不会被轻易打倒。

未来，终会来

当三方签约完成的时候，我的未来就已经初步定了一个方向。但是在更远的地方，还是一片迷雾笼罩的迷茫。

忘了哪位前辈说过："读书时代最令人向往的地方，便是我们的每一分努力，几乎都能看见回报！"无论遥远的前方是什么，学习将是我迎接挑战的武器。愿你我都更加顺利。

我依旧向往着南方的山川与河流，但未来的 1~3 年，我都会为了工作留在北方。我知道我的归宿不在这里，但哪有人正值年少就居于终焉的？或许我的暂时运行是为了更好地回归。

"To see the world as it is and to love it."深吸一口气，化尽胸中浊，鼓起勇气，更好地前进。生活风波不断，甘苦无常，酸甜正是它最地道的滋味！

我的青春岁月

数学与统计学院　薛欣怡

时间就像手指中的沙，想抓的时候抓不牢；就像天边遥远的云，缓缓流逝；就像一闪而过的焰火，很快就滑落得无影无踪。我还记得初入北理工校园那天头顶的耀眼烈日和陌生又喧闹的校园，却再也难回到当时的青葱年少。大学四年一晃而过，此时的我沉默许久，不知如何说起，学习上的起伏、生活中的波澜，以及朋友间的欢笑与泪水，有些事情仿佛只发生在昨日，有些事情却已如梦幻泡影般逝去，然而一点一滴，都是我成长道路上珍贵的存在。

汲取知识能量

（一）数学学习

华罗庚说："宇宙之大，粒子之微，火箭之速，化工之巧，地球之变，生物之谜，日月之繁，无处不用到数学。"曾经的我不知道自己为什么要把专业选择为数学，也苦恼于它对普通人的挑剔。但是四年下来，让我重新选择的话，我还会坚定地站在数学的行列中。

在大一刚开始的时候，数学专业最重要的两门课分别是数学分析和高等代数，这也是最让我头疼且打击我自信的课程。刚进入大学的我，完全没有了高三那种努力学习、争分夺秒的状态，而且由于进入了一个新的环境，遇到了一群不一样的人，我变得沉默寡言，把事情闷在自己的心底，学习上也缺少了与他人的沟通与交流。在这样一个比较封闭的状态下，学习数学这一门学科使我感到了更大的困难，当老师讲解一些难度大的知识点时，我开始发呆，并且作业也无法自己独立完成，学不进去，只能在网上获得一些慰藉。尤其到了考试周，我深知时间的珍贵，更要抓紧复习，然而却无法把心思投入难题里，无法进行专研与思考，时常会否定自己，产生一些消极想法。

然而到了大一下学期，我实在是无法再面对自己过于糟糕的成绩而不做出努力，在几次独自一人的哭泣后，我开始慢慢坚持，学着加强与他人的交流，学会面对难题的时候放平心态，学会逐渐肯定自己。成绩开始好转是在大二，那个时候，我找到了一起学习的伙伴，我们经常一起在理科教学楼或者综合教学楼里穿梭，寻找一个可以自习的空教室，我们也会在晚自习后一起去中食堂犒劳自己，在考试周，一起自习到晚上 11 点也不会疲惫，而是满满的收获。我无法穿越时间对大一的自己耳提面命，那段无作为且沮丧的岁月虽让人遗憾，但时间证明了，我还是慢慢找到了自己，我感谢自己的坚持，也想对自己说："你看，一切都会好的，不是吗？"

数学是有魅力和影响力的，就像康托尔说的一样，"它的本质是自由的"。我虽然没有选择一直钻研基础数学，但我相信数学带给我的东西会帮助我在各个领域都有所体会与进步。它使我明白了坚持的重要性，让我知道了一切难题都会被解决，日积月累的坚持会产生巨大的改变。因此，我不再抗拒新鲜但又复杂的知识，我永葆一颗不断求索、努力攀岩的求学之心。

（二）广泛涉猎

大学时期，我主要学习数学知识，但是在课余时间，也涉猎了其他知识。

1. 技能知识

数学作为基础，要想将其进行真正的应用，就要掌握很多的计算机技能，这方面是我的不足之处，就像数学学习一样，在刚开始，我对编码比较抗拒，这使得我直到今日也没能补足这方面的不足。现在的我不再故步自封，开始学习使用计算机软件，并体会到了这些软件强大的运算能力，它们能将数学中生涩、枯燥的理论进行运用，帮助我们解决实际的问题。为了能够解决更多的问题，将数学知识用到更多的地方，我还需要继续学习这些计算机软件，并慢慢补足编码方面的不足。

2. 精神文化

数学使人变得理性，同时我们也不能缺失精神方面的滋养。这四年来，我读了不少的书籍，比如《当你像鸟飞往你的山》《摆渡人》《霍乱时期的爱情》《天蓝色的彼岸》等，都化作了精神方面的养料，让我看到了更大的世界和不一样的观点。《当你像鸟飞往你的山》中写道："教育意味着获得不同的视角，理解不同的人、经历和历史。接受教育，但不要让你的教育僵化成傲慢。教育应该是思想的拓展，同理心的深化，视野的开阔。教育不应该使你的偏见变得更顽固。如果人们受过教育，他们应该变得不那么确定，而不是更确定。他们应该多听，少说，对差异满怀激情，热爱那些不同于他们的想法。"看了更多的书籍，我的思想变得更加成熟。

3. 追求进步

大学四年来，我一直在向着党组织靠拢，现在是一名预备党员，正在不断向着成为正式党员而努力。在党组织的教育下，我体会到了中国共产党的先进性与纯洁性，看了一些相关书籍，比如说《论中国共产党历史》《习近平新时代中国特色社会主义思想学习纲要》等。最近，让我深受感动的是一部电视剧《觉醒年代》——早期的共产党人有血有肉、有理想有锋芒，他们的无私品格与革命精神，激励着我向着成为一名先进的党员而不断努力。

海内存知己

（一）大学生活

大学四年，我不仅仅获得了知识，还认识了各种各样的人，获得了各方面的进步。

1. 社团活动

我的社团经历不算出彩，也不是很丰富，大多数时间，我在社团中都扮演着一个默默工作的团员。当大一考虑要加入什么社团时，我很犹豫，也无法做出合心意的决定，最终，我选择加入了青年志愿者协会。在这个协会中，我印象最深的是一次去公益机构的经历，在那里，我看到了许多与我们普通人思考方式不一样的天使，虽然他们无法像我们一样工作、学习，但他们也有明媚的笑容，有乐观向上的生活态度，这些都使我大受感动，也让我更珍惜自己的生活，认真过好每一天。

2. 实践志愿经历

大学四年，有两次实践志愿经历。一次是去四川宜宾支教，一次是参与庆祝中华人民共和国成立70周年的群众游行活动。前者让我看到了山区孩子的可爱之处，他们眼中都闪烁着对知识的渴望，后者让我看到了国家的昌盛以及国民对这片大地的热爱。这些活动，让我得到了成长，交到了好友。

（二）亲爱的朋友

四年的陪伴，我收获了珍贵的友谊，有人陪我在教室中努力学习，有人陪我在操场上挥洒汗水，也有人陪我在寝室中肆意欢笑。总有人说，毕业就意味着结束，我却不担心时间与距离的变化，只要我们谈起过去的点滴，我们就会再次成为亲密的朋友。我很感谢我的朋友曾经对我的帮助与包容，我也想对他们说：我永远在这儿，只要你需要，我随时都到。

长风破浪会有时

很多次，我都会问自己：你的理想是什么？你会为之做出哪些努力？你能放弃什么？在未来的一段时间中，我已经定下了一些目标，比如希望自己能够课余考到日语二级，希望自己能够好好学习CFA，并拿到相关资格证。同时我也知道，我在完成目标的道路上会出现很多问题，比如拖延、懒惰，比如会有想放弃的念头，我要给自己做好充足的准备，因为时间已经不多，或许我很快也要步入社会这个大熔炉。为了保持自我的独立，我必须与自己作斗争，无惧风浪，保持好的心态、健康的生活，不断磨炼自己，坚持下去。

我即将跨过毕业这道大门，走过大学四年美好的岁月，迎来的是研究生的学习。不知道前路会是如何，也再没有后退可言，我将怀着美好的希望，鼓足勇气迎接一切的难题与挑战，我将不断自我完善，学习更多的知识，成为一个更博学的人。曾经的我多次立下目标却没能坚持，但是这是一个新的开始，我也比以前更加成熟，我会在新的人生旅程中坚定地走过每一步。

青春散场，我们等待下一场开幕。相信我们在新的旅途中，会遇见更好的人，遇见更好的自己。走吧，走吧，正年轻的我们，"长风破浪会有时，直挂云帆济沧海"，我们每个人都将拥有美好的前程。

天高地迥,追光逐梦

物理学院　李靖

终于有机会再来细数大学四年的生活了。前段时间刚好收到了三年前《给自己的一封信》,发现里面提到的对未来自己的各种期许都达到了,现在也是时候给自己一个交代了。

前段时间一篇博士论文致谢火了起来,"我走了很长的路,吃了很多的苦,才将这份博士学位论文送到你面前",简简单单一行字,却写满了艰辛和苦痛。"已识乾坤大,犹怜草木青。"这篇致谢写满了对读书改变命运的感激,我和他一样,感谢读书改变了我的命运。

还记得2015年的时候,在北京大学贴吧有一场激烈的论战。内容是一个来自落后地区的孩子,他每次考试能比年级第二高四五十分,很喜欢北大,希望能在贴吧里得到大家的鼓励,最后圆梦。然而,令他意想不到的是,这个梦想在一些人看来不值一哂,同出自落后地区的一名北大吧友,抛出言论称"你们县教育水平太低,鸡群里很难培养出鹰来,因为鸡并不知道鹰是什么样的姿态",言论一出在各网站引起了激烈讨论。那个孩子正是我,当年我15岁。

学业:向上飞翔

我出生在四川省最贫困的甘阿凉地区,作为应届县状元来到北理工,还是算上了照顾分。其实高一的时候,我发现我能比第二名同学考试多四五十分,所以当时我是很自信的,直到这件事发生之后,我审视自己,我才忽然发现,哦,原来我是一只"鸡"啊……在这样的压力下,我变得非常自卑,从那时候开始,我的邮箱名就是"L摔死的鹰J",因为我已经杀死了那个想要成为鹰的自己。这种自卑感直到我上了大学之后才得到改善。在大学里,每当我做出一个很漂亮的成果时,别人先会问一句,你是哪里人,然后再问一句你高中是哪里。每次我告诉他们答案的时候,他们总是一脸吃惊。每当朋友们聊到自己有一个厉害的校友，自己高中朋友圈有多厉害的时候，我特别羡慕，我也好想有这样一个学长成为我吹牛的谈资，但是我马上又会意识到："鸡"怎么可能知道"鹰"是怎么飞的呢？每当我在烈日下汗流浃背，背着厚厚的高等数学＋笔记本＋习题册上下综教四五层找教室的时候，我就发誓我一定要靠自己努力买一个平板电脑，那是一个很小巧的电子设备，可以把教材、笔记本全部浓缩在里面。为什么我要这么努力地学习？我爸中专毕业，我妈小学辍学，我在父亲这边家族里是第一个大学生。我爸妈很重视我的教育，因为只有获得的知识，才是谁都没法从你身上夺走的东西。好不容易考上了好大学，一定得珍惜机会。

所以，我大学期间拼命努力，有一天我突然发现自己也能做好每件事情，我不比任何人差。比如说学习，我因为热爱物理，喜欢理科，从机械与车辆学院转到了物理学院。我的高中经历并无任何优势，我并未参加过任何物理竞赛。但这并不妨碍我的努力，出于热爱，我全心投入。入校以来，我优良率保持100%，50门科目在90分以上，特别是难度很大的物理专业课，26门中，我有19门在98分以上，我连年稳居物理学院综测和学业双第一名。我知道：我也可以是翱翔天际的鹰。

竞赛：拒绝平庸

大一转专业过来，没有学过任何物理课，凭自己对物理的热爱，在大学生物理学术竞赛校选中脱颖而出，成为校队成员之一。后来我参加竞赛连续打破了北理工的记录，获得了两次国家级一等奖。我还得过好几次省部级竞赛第一名，被邀请成为领队、校选评委。我终于如愿以偿地知道在大学参加竞赛是一种什么样的体验。为了竞赛、为了学业，我不知道熬过多少个通宵，我也曾有想放弃的时候，每每此时，内心就会不断问自己："你知道什么是平庸吗？"那一瞬间，我脑子里冒出关于平庸的各种解释。最后一个坚定的声音告诉我"在你求学的时候，你遇到了很多优秀的人才，无论是智力还是背景，但你没钱没背景绝不是平庸，那是别人给你贴的标签，唯独你自己内心的平庸，才是毁掉你人生的平庸。你内心的平庸，会让你失去追求卓越信念的动力。你以后会遇到很多机遇，但内心的平庸会毁掉它们，当你觉得自己做得还不错的时候，你已经杀死了那个能够让你做得更好的自己。"这时候我意识到，我们内心的不放弃，才是支持我们向远方的动力，我要做一个追光者。

科研：保持初心

我保持着对科研的热爱，同时又小心地探索着科研的各种可能。我在不断尝试中尽可能全面了解，如量子光学神经网络、光子器件的逆向设计、冷原子量子模拟、原子系综与量子存储、神经网络量子模拟、拓扑光子学、量子行走、时间晶体等。同时，我明白物理学归根结底是一门基础学科，它需要厚积薄发，不能急功近利。我保持着热爱物理的初心，在本科的最后阶段回归到数学物理基础。

物理学作为基础科学，需要更多的是扎下根来，潜心研究，一切惊艳的成果都植根于深厚的物理基础。因此在本科阶段，我不断警醒自己：不要浮躁，沉淀下来，打好基础。

我并不刻意追求文章数量。我在本科阶段完成了一篇 SCI 论文，最后该文章被选为封面文章，还获得了美国光学学会的编辑推荐。由于在人工神经网络和物理结合的方向上进行了全面的调研，所以目前我兼任了著名光学期刊 Optics Letters 的审稿人。

学生工作：服务他人

因为自己的成长经历，所以我总希望提供给他人力所能及的帮助。在本科阶段，我多次为学弟学妹们做知识串讲。我的串讲很有特色，每次花大量时间去准备，所以好评如潮，有不少考到了满分的同学还主动向我报喜。我因此得到了"靖哥哥"的称呼。党委宣传部的官方公众号还发了一篇专题报道，介绍我和其他两位同学的事迹，我由此获得"北理小先生"称号。为了将我在本科学习阶段对物理学科的认识及时进行总结和传递，我还与北京大学物理学院的学生一同撰写了《理论物理》的讲义，本科阶段我一共完成了近 10 门科目的讲义，包含上万行 LaTeX 代码。

我接手物理爱好者协会，让它重新焕发生机，成为学院学生工作的左膀右臂，获评优秀社团。在我的带领下，物理学院本科生党支部获评红旗模范党支部，我同时获评优秀党员。

如今，我终于实现了自己当年的愿望，成为北京大学物理学院一名准博士生。我虽然来自落后地区，但我通过自己的努力、踏实和坦率获得了大家的认可，我们一起交流分享。从当时为了省一点生活费也要在两个食堂间犹豫半天,到现在能靠自己的助学金、奖学金、科研酬劳养活自己,没再向父母要一分钱。我的努力证明了我自己。2020年,我获评品学兼优榜样,第一次入围徐特立奖,学校还给我的高中发去了贺信,我高中时的班主任很激动,我成为高中学弟学妹们眼中很厉害的学长。我从贫困和自卑中,找回了自己。我和大家一样,我也会参加国庆庆祝游行活动,也会参加校庆服务活动,也会参加先进党员讲党课,与大家分享《论持久战》,也会被《北京考试报》的编辑发掘,受邀在报纸上发表文章,毕业论文也能毫无悬念地得到优秀级别……大学四年,我做好了自己,我认识了自己,未来我会变成更好的自己。

以终为始,以始为终

管理与经济学院　闫安

2017年8月20日,我第一次踏进北京理工大学的校园,那时的兴奋和憧憬现在都还能体会到,军训时操场上的大字"延安根,军工魂,国防情,北理梦"也依然历历在目。转眼之间,四年时光呼啸而过,毕业论文答辩也已经落幕,不禁对北理工、对师长与伙伴有了越来越多的留恋,还想和大家多多约饭、聊天,想一直在校园里骑车、跑步,看天空辽阔,看那些年轻生命的尽情绽放。又是一年高考季,曾经热泪盈眶、逆风奔跑的那个少年,已经在大学四年中看到了更加辽阔的世界,有了对外在事物越来越多的理解和感恩,内心的执着被打磨到坚定无悔。到今天,我想我可以认真地说一句:闫安,长大了。

那么,"成长"究竟是什么呢?在超乎个人成长的层面,我们又可以做些什么呢?

成长的循环

大学生活给了我在一个个场域中"野蛮生长"的机会,完成了向前一步—独立感—连接感—使命感—幸福感—再向前的成长循环。

(一)向前一步

其实我是一个停不下来的人。当有全新的、充满增量可能性的方向摆在面前的时候,我几乎不太能说服自己不去努力争取体验一下。就像Facebook CEO 谢丽尔·桑德伯格的《向前一步》里讲的:"向桌前坐,才有机会。"我在大学四年中一次次告诉自己,可以向前一步的时刻,又来了。

不过,我更多的是出于一种要多做事、去挑战的惯性来参与和担当一些事情,没太认真思考过这个"向前一步"本身会带来什么不同。经过四年的观察感受，我发现：当站在局外、离得很远去看待一件事情的时候，永远都只有"做与不做""好与不好"这种二元对立的选择判断，这个时候往往面临巨大的信息不对称，听到的永远是人云亦云的模糊评价，人总会权衡、犹豫；而只有躬身入局的时候，才会看到它的真实与复杂性，以及人自身所能拥抱的广阔的可能性。当人真心想做成一件事的时候，自身会发生强大的能量来支持未知的尝试和挑战，或许会有挫败，但所有的经历和感触会成就独一无二的人生。价值就体现在过程中，因为只要选择向前一步、去做事，事情就被赋予了价值。

在大学里做的一个个选择，一次次向前一步，一次次创造着我生命中的机会。

（二）独立感

独立感是在大学最初体会到的感受，它不同于高中开始住校生活的那种独立，更多的是在思想层面的独立，有关真实与勇气，以及如刘擎教授所说的"用理性引导自己成长"。我更深刻地体会到，学生和社会人之间一个很关键的区别在于——学生少有事情不可收场的顾虑，因为往往能有所依赖，而社会人则会独立地为某些责任兜底。

要做到独立，就要时刻保持清醒的自知，直面自我的平和，以及做出改变的勇气。越能客观地认识自己、不奢求不属于自己的享受或回报，对他人的依赖就会越低，他人对你的尊重会越强，自己和他人达成价值交换平衡态的能力也会越强。"你所依赖的、以为是优势的地方，往往会限制住你"，只有学会直面自己的不足，你才会变得坚不可摧，才会带着建设性的视角看到改善的可能性，并能更坚定地付诸行动——这是一种底层的独立和强大。

在大学，每天有比较多可以独处的时间，我尝试规律作息。大四以来，跑步或室内运动之后，我都会发截图和自拍给爸妈，让他们为我开心。过去我与爸妈的交流很少，他们盼望我能多回家，而我每次回去又总是抱着电脑做事。我努力做着改变，给妈妈远程订花、给爸爸买新衣服和鸡仔饼寄回家……类似这种惊喜快乐还要多多制造，也要多和他们同步我的体悟成长。

（三）连接感

独立是第一步，而更进一步就需要连接以创造价值。我在大学期间体会了各种各样的连接感，具体可以分为个人、个人与组织、组织与组织三个层面。

从个人层面而言，我在不经意间体会到了各种输入、实践、思考所碰撞出的奇妙火花。同时，我还发现我可以基于所参与的不同组织或项目，整合不同的机会和思考，以建立对某个领域更深入的认知，创造一些新的可能。比如在"教育、公益"这个方向更广泛和主动地做探索，尝试从芝兰公益参与的维度做联络沟通，去参与 ABC 美好社会咨询社的教育公益议题研究项目，以及带着芝兰的特点和疑问去主动拜访北辰青年 CEO 宋超等。或许未来能够基于更多的探索，发现自己更多改变的发力点。

从个人与组织层面而言，组织内的每个人和组织相连，可以在比自己更大的体系内找到一个生态位。比如，校内学生社团以及实习公司，每个成员分属不同的角色，做着不同的事情，但是大家心里都装着整个组织。在作为北理工代表队的一员去参加国家级比赛的时候，当我的名字与"北京理工大学"的名字同时出现在 PPT 上的时候，我总会感受到无穷的斗志与勇气，以致听到北理工夺冠的时候禁不住热泪盈眶。

同时，组织内人和人之间的连接更是价值无穷的。大学期间，我有幸以各种各样的方式与非常多善良、真诚、质朴、可爱、专业、利他的师长与伙伴相遇，被大家一次次地点亮和震撼。

从组织与组织层面而言，通过校内学习、校外实习及比赛实践，我从政府、企业、高校等不同主体角度理解了助力社会发展方面发挥各自作用而协作；在见证人类抗击新冠疫情的过程中，我体会到了一种世界各国"人类命运共同体"式的紧密联系。

（四）使命感

既保持自身独立又与外界建立价值连接，那到底是希望追求什么、做成什么呢？大学期间，我一直在思考自己的使命、未来或方向，虽然没有完全想清楚答案，但是就使命而言，我有两点感触颇深。

第一，使命的阶段性。在每个当下，既要描摹未来，更要明确好当下的责任、努力的空间。明确核心点之后，就要聚精会神地发力，而不要让自己处于一个看似美好却虚幻的拖延状态之中。扎扎实实地把握当下每件小事，把当下做的事的价值最大化。生命是由一个个当下拼接而成的。

第二，使命的溢出感。我们对于一件东西的欲望，是由于缺失而产生的，还是自然而然生发出的？我所理解的使命，应该是一种溢出来的超乎个人层面的追求，是把更大的体系、更多的人纳入自己考量范围，希望自己能帮助做出积极改变的信念。

(五) 幸福感

大学阶段，我的一个非常重要的觉悟在于赋予了"内驱"意义。过去我并没有想明白为什么要保持一种积极努力的生命状态，但大学阶段的种种经历让我慢慢意识到，内驱的终极意义是利他，我希望不懈努力提升自己，不断增强为他人创造价值的能力。我们只有把他人的利益纳入个人的成长路径之中，更好地满足他人的需求，才能真正为这个社会做出我们应有的贡献。

是否真真切切地在每一天做到了尊重、同理、感知和关怀他人？这是未来的我要时刻自省的一个维度。不论未来做什么事情，都要始终保有对他人和世界更深一层的感知力，理解、关心他人，主动为他人创造幸福。

成长在我看来是一个非常多维度、非常主观的事情。或许从某种程度上抽象地讲，就是有自觉性的年轻人，一次次地去经历和感受向前一步—独立感—连接感—使命感—幸福感—再向前，无限循环。在大学期间，我一次次地经历和感受这样的过程，有过很多挣扎与狼狈，但这些都不妨碍我在这个节点回望，所有的经历都带给了我无限的充盈与喜悦。其实每个人都可以听从内心去追寻、盛放。"向前一步"或许需要一点点勇气，而这份勇气，我们都有的。

超乎个人成长的事情

在与新生见面会上，我抛出了这样一个问题："你，能否真正独立于世，去酝酿自己的最大价值？"其实我也在用四年的时间寻找这个问题的答案。问题里有两个关键词——"独立"与"价值"，独立可能更多地关乎个人成长，而价值则涉及我们的存在对于社会的意义。

对于价值，公益是一个很好的切入点。从接待印度青年朋友来华交流访问到前往安徽开展乡村夏令营，到参与ABC美好社会咨询社的公益咨询项目和教育公益议题研究，再到中关村论坛、亚布力中国企业家论坛等大型活动的志愿服务，我在大学期间参与了各种各样的志愿公益活动，也认认真真地在内心和自己确认，公益是我要永远去追寻和坚持的方向。

我在大三参与了庆祝中华人民共和国成立70周年的游行活动。依然清晰地记得，那天在长安街，当我看到游行彩车上满身勋章的老兵颤颤巍巍地向人群敬礼的时候，不由得攥紧手中的花束，泪水润湿眼眶。生逢其时，重任在肩——从这个角度再放大些来看，超乎个人成长的事情，就是我们在任何时候都要记得，我们身上有让这个国家变得更好的使命，并且就从当下的小事做起，为微小的责任兜底，千里之行，积于跬步，直至天下担当。

我把德育论文的题目定为"以终为始，以始为终"，一方面因为这是一次对于大学从起点到终点的回顾，也是一次从新的起点到未来新的终点的期许。另一方面更是希望用以终为始提醒自己时刻去描摹心中终极的图景，那是我们立志为这个世界创造的事情，希望以始为终提醒自己坚守最真挚的初心，以此作为我们时刻回归的标尺，永远驱动我们向前的动力源泉。

四年时光荏苒，衷心感谢所有帮助、批评和鼓励过我的老师、辅导员，感谢爸爸妈妈还有闫二宝一路支持、见证我的成长，感谢中外二班的每一位同学，感谢院团委实践部、教育基金学生服务队、贝塔GO支教队的每一位伙伴，感谢芝兰大家庭的每一位导师、学姐学长、芝兰同袍，感谢每一位ABCer，感谢每一位青春合伙人，感谢在一次次项目和比赛中并肩奋战的队友和欣喜相识的前辈、伙伴，感谢所有帮助、谅解过我的朋友，甚至是陌生人……感谢所有这些给予我的爱与鼓励，我会继续地不停探索，通过自己的努力为国家社会带去向上向善的改变。

给四年前的自己写一封信

人文与社会科学学院　张煜

四年前的张煜：

你好！

2017年的5月，很是燥热，偶尔才有一阵穿越书海的轻风带来些许凉意。亲爱的，稍稍停下手中的笔来读一读这封信吧，不过请放心，这不会耽误你太多时间的。

我知道你现在最关心的一定是自己的高考成绩和录取院校，在这里恭喜你啦！由于长期的努力和坚持，你在高考中稳定发挥（别想了，那种超常发挥的意外没有降临在你头上）被北京理工大学录取了。我知道这是你从来没想过的结果，但是在这里我要告诉你一个好消息和一个不那么好的消息：好消息是，你是北理工的人文学院在新疆录取的最高分，收到录取通知书以后记得看看校长的亲笔签名呀；不那么好的消息就是你与心理学只有一半的缘分，等下你就知道我为什么这么说了。

现在是2021年5月24日，你肯定觉得很遥远吧！但你的大学生活马上就要结束了。你这丫头，现在肯定听不进去什么大道理，那就给你讲讲你将要经历的生活吧。

你所拥有的一切都是最好的

在理工大学学文并不是什么奇怪的事。2017年8月，你将来到北京理工大学的人文与社会科学学院，由于是大类招生，第一年得同时学经济学、社会工作和法学。当时的你可真固执啊，进入经济国际班后就没再好好学过剩下两个专业的课程，即使是喜欢的心理学也被当成累赘。大学第一年，你本以为大家都不会再把学习当成首要任务，毕竟上课的时候你和你的室友都没有全身心地投入学习，你们看剧、刷淘宝、聊天，甚至还有人写小说，大一就这么疯疯闹闹过去了。出成绩后，你居然因自己每门功课都在 70 分以上沾沾自喜，后来才发现自己的综合排名在 100 多人的学院里只能排在 70 名左右，而朝夕相处的室友一个二等奖学金、两个三等奖学金……丫头，这就是现实啊，在人才济济的大学中，不努力就有好成绩的意外可不会发生在你身上。

大一结束了，有一个晚上你突然思考起了自己的未来——你一直把自己定位成一个经济专业的学生，是因为一直以来都是别人告诉你学经济有前途，选择面试经济国际班只是因为你爱钱且数学成绩不差，而并不是因为你打心底里认同这个这个专业。很难想象如果你继续学下去还会遇到多少挫折，就算顺利毕业也就是找个相关工作，过着普普通通、不情不愿的日子……当时你可是一腔热血想学心理学啊，但这个专业大多只招理科生，无奈只能放弃，但是眼下同学院的社会工作专业也开设了不少心理学的课。于是你决定从经济专业转到社会工作专业，经过一次面试之后，你成功了。你和心理学的一半缘分就是这样开始的。

大二的开始就是崭新的，第一堂课就是发展心理学，生活终于按照期望的方式开始了。那一年是忙碌又充实的：一周四节的心理学相关课程、定时的热线咨询值班任务、组队去北京市房山区阎村镇二合庄村完成社会调研、第一次学写文献综述和规范的论文、第一次在"世纪杯"比赛中获得个人的奖项、成为"一二·九"合唱时学院的钢琴伴奏……最后你获得三等奖学金，这是你大一从来不敢想的事情，那时你终于想明白：做喜欢的事是不会感觉到苦和累的。你开始真正开心起来了，开始真正享受大学生活了。

"你所拥有的一切就是最好的。"这句话概括了你的大学生活。

把优秀当成一种习惯

这话是不是挺耳熟的？没想到高中年级组长的一句话能对产生这么深远的影响吧。转专业以后，你更是一直把这话放在心上，刻在行动中。现在给你讲讲大三以后的故事。

因为受疫情（别担心）影响，你的大三有点闲，没有什么让人记忆深刻的事情，但是可以确定的是你的学习状态没有什么改变，可能最大的变化就是除了完成学业任务外开始准备考研了吧。本以为会开始一段大学期间最忙碌的日子，但是一天你突然被通知可以保研了！那一刻，你都有些恍惚，总感觉自己还是大一那个干啥啥不行的自己，不知何德何能拥有了这样的机遇？

从来没有想过保研的事情,在专业课上也不够努力,……这个机会怎么就落在了手里呢?其实是大一那个不优秀的标签给你带来的压力太沉重了,以至于你一直不够自信,一直认为自己不够优秀,一直觉得自己的努力不足;还因为你的完美主义倾向——你总想把所有事情做到完美,无论是结课论文还是考试,你都认真对待,力求完美。

你的大学生活就这样以保研到本校教育学的方式画上一个句号。所以"把优秀当成一种习惯"不仅是你大学的主题,也是在未来,乃至一生都要践行的座右铭。你一定要努力变成一个更出色的人啊!

人生是由一个个小细节决定的

这样看来,似乎大学生活中一切的转折点就是转专业,经过这个转折点,无论是学习成绩还是自我评价都逐渐变得积极了。然而,严格来说,选择转专业并不是一个决定性因素:正是因为在高考时取得的成绩,你才来到了北京理工大学;正是因为被大类招生专业录取,你才成为一个受益者,并发现真正适合自己的专业;正是因为选择了转专业,你才能有丰富的学习经历;正是因为坚持将每一个任务都做到最好,你才有了保研的结果……

所以啊,现在的一个个决定和行为都会成为未来的伏笔,每当你想要拖延或者偷懒时,你就告诉自己"我现在所做的,就是决定我人生的小细节",甚至遇到困难的时候,也可以想想你的那句至理名言——反正死不了,再大的困难也会过去的!

君子之交不一定要淡如水

你的大学并不是一个先抑后扬的故事。你肯定不会相信,有一天你会因为人际关系而感到困扰吧,毕竟你一直把人际交往当成一件很自信的事情。你还记得吗?中考的一场考试前,同班的几个同学聚在一起聊天,之前你一直没有参与,后来不知怎么想的突然说了一句"我觉得……",那一圈的同学全都看向你,准备听你说话,那瞬间可能你的人缘是真的很好。而现在的你已经开始疲于和其他人社交,很多事情都是同班的男友帮你应付过去的,或许你会固执地认为这种人际交往状态完全是因为学业压力太大,和你的社交能力无关。高考过后,为了选择合适的专业,你会被要求做一个量表,结果中有一个是网状图,到时你一定记得仔细看,人际交往部分是严重凹进去的。即便如此那时的你也没有将其当回事。

到了大学后，你逐渐意识到自己可能有些轻微的社交恐惧症，不止如此，至今你也不清楚与他人交往时"度"的问题。大一的很多时候你都会选择独来独往，倒不是没有人和你一起，而是因为一些很别扭的情绪。比如害怕和周围人互相了解，感觉了解越多越会折损自己的骄傲；再比如一直坚持"宁缺毋滥"，这样的态度是因为不想在交友时将就……于是你一直保持着"君子之交淡如水"的关系，简单来说，就是和所有人维持友好但点到为止的关系。不过你不会将这种交友状态持续到大学毕业的，因为到了大四，你决定不再这么跟自己别扭下去。

你重新审视了自己对人际关系的态度，发现自己最大的两个问题是：从不找人帮忙、也不想被别人麻烦；还有就是会因为一件小事而否定一个人。于是你开始学着克服自己别扭的心理，从室友开始，在她们需要时主动提供帮助，你终于体会到：帮助别人以后自己也会感觉到被需要，这种感觉比不被别人麻烦还开心。另外，当室友或其他朋友有让你不开心的行为时，你也会劝自己赶紧忘了这件事，想想她的好。

说白了，其实就是你在跟自己过不去。虽然现在的你在进行社交时还会有一些压力，但是社交这件事已经不会给你带来那么大的困扰了。

大学四年就这样匆匆过去了，你要问我该怎么评价这段时光，我的确很难找出一个很贴切的词语，唯一能确定的就是你变成了一个更好的自己，一个更坚定自己梦想和目标的自己，你在为理想努力前行。

我在未来等着你，让我们一起发现自己更大的可能性！

祝你

学习进步！

四年后的张煜
2021 年 5 月 24 日

回顾过去　展望未来

设计与艺术学院　赵馨宇

时光如水,岁月如歌。转眼间四年的大学生涯马上结束了。回首过去的四年,恍如昨日,就像放过的一幕幕电影,在自己脑海中挥散不去。大学的四年,是美好的四年。四年里,有学习的勤奋,有恋爱的浪漫,有运动的活力,有朋友的情意。这一切的一切,何尝不让人留恋与怀念。再见我亲爱的母校,再见亲爱的同学!

回望四年前,历经十二年寒窗苦读,历经多载梦想催化,走过了六月的冲刺、七月的等待,八月我们收获了季节的果实,收获了发自内心的更大的梦想与希望。四年前,那个开始独立的时候,那个开始萌发的地点,历历在目。

四年前那个稚嫩的脸庞模糊又清晰。背负着父母热切的期望,怀着对大学生活的憧憬,我踏进了这所曾经陌生的校园。现在依然清晰记得,大学报到时候的点滴。跨出高中,迈入大学的校门,对于中国学生来说简直是就是从魔鬼式教育的地狱进入自由自在的天堂。我像鱼儿入水、小鸟出笼一样释放我的思想与灵魂。在这里,同学友爱,室友志同道合,老师对我们的学习与生活更是照顾得体贴入微。我们自由了,可以飞了。可以下课不用必须都把时间放到自习室了,能看自己想看的书,想看到什么时候看到什么时候,可以有自己的计划了。当入学的急切心情还未平静,学校里的各项招新活动就热烈展开了。到处是动员大会,到处是震耳欲聋的音响,学生会、各色社团和协会让新生眼花缭乱,当时能感觉到我丰富多彩的大学生活从这里开始了。

军训是四年学习生活的开始。那个被烈日晒得就要冒烟的训练场还清晰地浮现在我的脑海里。每天的正步、跑步训练,偶尔的拉歌比赛,还有我们可爱的教官,都已经成了永久的回忆。还记得第一天休息的时候,教官让我们坐在地上,可大家都矜持着、犹豫着,教官笑着说:"嫌脏是吧,不过我敢打赌，不用多了，再有一天，你们会觉得坐在地上是件很幸福的事。"事实证明，教官是多么有先见之明啊，后来我们都恨不得教官一说休息就躺在地上。军训虽然真的很累，但也是意志和体力的提高，不是都说，没有参加过军训的人，大学就是不完美的嘛。我想我当时已经为完美的大学开了一个还不错的头。短暂的军训生活在我们最后的汇报表演中结束。虽然当年达到的标准早已忘记，但一段美好的回忆和一份真挚的友谊仍在。

　　四年的大学生活也许还是用"平淡"两个字来形容比较恰当。生活的中心还是学习。认真地上课，认真地做作业，认真地参加考试。考过了四级接着考六级，过了一次考试还有下一次考试，继而又准备保研或工作。四年的学习生活就是在不断地实现着一个又一个阶段性的目标中度过的。浸泡在自习室里的每个日子虽然单调却充实。上了十几年的学，不敢说喜欢，但绝对是不讨厌学习的。除了温馨的宿舍，我也喜欢自习室里拥挤而安静的氛围。曾几何时，自习室就像一个避风的港湾，是在这个陌生的城市里属于我的安全地方，没有污染，没有嘈杂。喜欢坐在自习室里静静地听广播，偶尔看看窗外美丽的风景和校园里各自忙碌的同学们。生命的意义不在于结果，而在于它的过程。我的收获就是在平淡中感受学习中的充实和快乐中的成长。

　　我是一个典型的慢热的人，蜗牛的性格，害怕被孤立，可又不敢主动去争取，怕伤害，所以宁愿躲在壳子里。是我的那些可爱的舍友，一见面就让我觉得我是被大家需要的，我卸下了自己的壳子，感受着大学的美好。我们每天一起起床，相伴着去上课，挤在一个床上看电影，欢呼着出去吃饭、逛街，也互相掩护着躲过老师的点名，还有晚上精彩的卧谈会。我们在一起的每一天都是充满欢笑的，我们有只有我们才能听懂的语言，有我们共同的秘密。四年来一直那么亲密的室友，虽然马上就分开了，可这四年积下的友谊却早已深深刻在每个人的心里，是一辈子的财富。

　　成长是一个抵制诱惑的过程。我们迷茫过、徘徊过，然而时间从不会停下它的脚步。走过迷茫的岁月，走过困惑，我们学会成长。考各种证、考研、考公务员，已经成为大家必修的课题。我们不再为偶尔的逃课而窃喜，不再为课外的作业而心烦，不再为食堂的饭菜而抱怨，不再为网络的自在而沉沦。当思考的方式发生改变，我们学会体谅，学会宽以待人，这也许就是成长的第一步。我们不再是高中生，不再未成年，不再有父母在你前面为你遮挡所有的风雨。曾经稚嫩的脸庞如今已变得坚毅，曾经青涩的心态如今已变得淡然，心中的目标也日渐清晰和坚定。每个人都开始有自己的人生规划和职业道路，或是步入职场，或是继续深造，每个人都有自己的选择。大学生活可以很轻松，也可以很沉重，可以很单调，也可以很丰富，可以很平淡，也可以很震撼。我从中尝出了酸甜苦辣，甚至更多，并获得了很多感悟，这些所得将作为我人生的宝贵财富，让我以后的道路走得更加坚实有力。

　　图书馆研讨室的门还开着，奋斗了许多年的那个屋子，如今又换了新的血液，一直对那段埋头苦读的日子心存感激，它让我学会了很多。一幕幕的场景就像一张张绚烂的剪贴画，串连成一部即将谢幕的电影，播放着我们的快乐和忧伤，记录着我们的青春和过往，也见证着我们的友情和爱情！未来就像天空中一朵飘忽不定的云彩，而我们，从毕业这一天起，便开始了漫长的追逐云彩的旅程。明天是美好的，旅途却可能是崎岖的，但无论如何，我们都有一份弥足珍贵的回忆，一种割舍不掉的友情，一段终生难忘的经历。

　　大学是人生最宝贵的一段时光，在这里我们留下了几多梦想与渴望，更收获了几许自信与坚强。大学生活是人生不可磨灭的记忆，你的每一次尝试，每一声叹息，每一次牵手，都在大学四年的日子里沉淀为永恒。站在毕业的门槛回顾自己的大学生活，蓦然发现，曾经的一切是如此让人留恋。课堂上的专注、图书馆中的沉思、自习室里的苦读、运动场上的狂放、竞赛中的洒脱、晚会上的精彩，乃至食堂里的喧闹、寝室中的欢笑，能够体会到同学们入学时的从容、学习中的自信、生活中的坚强、军训中的刚毅、实践中的历练、备考时的忙碌、成功后的喜悦，乃至选课时的烦恼、失意中的忧伤、挫折后的彷徨，一切的一切都是我们最美好的记忆。它使我明白了责任，懂得了理解，学会了坚强。寝室中的笑声依然存在，无忧无虑中有纯真、有青涩，肆意地享受青春和生活；一教自习室的门依然开着，新一轮的考研大军依旧在鏖战，朝七晚十、埋头苦读的日子有辛酸和汗水，有苦涩和挣扎，却让人学会忍受孤独、学会坚持、学会成长。如果说人生是一本书，那么大学生活便是书中最美丽的彩页；如果说人生是一台戏，那么大学生活便是戏中最精彩的一幕。

　　光阴荏苒，在这些弥漫着理想与追求的葱茏岁月，在这些燃烧着热情与活力的大学校园里，我留下了自己的足迹，留下了自己的记忆，留下了我这几年的美好时光，青春时代的大学生活就这样过去了。毕业，是一场青春的盛宴。四年得失不尽相同，却总有相同的温馨触动深存心底。多少欢笑和泪水，多少成功与失败，屹立不变的校园见证了我们四年从青涩到成熟的蜕变。

　　2021年的盛夏，我们又将踏上新的人生旅途。漫漫人生路上，四年的大学时光，必将是我们人生最美好而难忘的风景。时间的轮轴匆匆转过，没有丝毫的犹豫，稳健而又急促地驶向下一个未知的站台。我们迎接的是一个新的起点，同样也是更高的起点。我们都是有梦想、有追求的人，即便有时因生活中的琐事而情绪低落，有时为未来何去何从的扑朔而四顾茫然，也不要因为路途艰辛就放弃了前进的脚步。追寻梦想的过程是苦涩的，但只有经过磨砺的人生才会拥有更多内涵。我们肩上始终承担着一种使命，那就是把脚下的路走好，迈出人生新的历程，翻开生活新的篇章。

未来的路还很长，毕业只是一个新的起点，前面充满了困难与挑战。拍拍胸口问自己：你准备好了吗？不管未来做什么，在什么工作岗位上，做什么事情，都要有自己的原则，不要丢失了自己当初最纯真的梦想，只要有梦的人就一定不会输。我相信，坚定自己的梦想，走自己的路，我的人生一定很精彩，我的未来不是梦！

如果说岁月如歌,那么大学四年就是这段乐曲中的华彩;如果说记忆如海,那么四年的回忆就是这片海里璀璨的明珠;如果说青春如旅途,那么这四年就是一路繁花。

第五章 德学思

凡是过往，皆为序章。未来还有很长的路要走，有更多知识要学习，会遇见更多迷茫，也会更加坚定和自信。常怀感恩之心，常有鸿鹄之志，永远鲜活，永远生生不息。

宇航学院　李仪筝

在幼年时，我有过与其他儿童一样的好奇心，为什么飞机导弹能够在天上飞，鸟儿能够恣意盘旋，但人只能在地面上，所能做的仅仅只有仰望蓝天？随着年龄增长，我不断学习到各种物理原理，了解了飞行的基本原理。虽然当初的幼稚与好奇褪去，但我对蓝天的向往，对摆脱重力束缚的渴望愈发强烈。渐渐地，我把一颗航空航天梦的种子埋在了心中，决定把征服头顶的蓝天定为我的目标。

宇航学院　邝海量

回顾漫漫考研路，我感恩自己的自律与努力，感恩自己躲开了外界的一切烦恼与诱惑。希望在今后的科研道路上，我能继续在专业上深耕努力，保持这种刻苦的精神，将青春和汗水挥洒在社会主义现代化建设和实现中华民族伟大复兴的伟大征程上。

宇航学院　肖柳骏

相逢一见太匆匆，校内繁花几度红。踏入北京理工大学的第四个年头，我如期迎来自己本科生活的终点。宝塔山苍苍，延河水泱泱，感谢这座有着八十年悠久历史底蕴的巍巍学府，她实事求是、勤勉务实的治学理念，与海纳百川、兼容并蓄的不凡气度，让我有幸获得无数登高博见的机会与豁目开襟的平台。良乡校区的六百多个日日夜夜与中关村校区的两轮春夏秋冬，将永远在我的记忆中熠熠生辉。

机电学院　李岱伟

站在大学的边缘回首，心中只有对这四年过往的感恩，无论挫折、成功、焦虑还是喜悦，正是这些经历共同成就了现在的我。少了初入校园的青涩、胆怯，现在的我面对陌生的环境，有了一份沉着和自信；面对未知的挑战，我相信困难是可以被解决的；面对陌生的伙伴，我相信每个人都有自己的长处，大胆地表达自己的想法，真心待人，才能交到真正的朋友。聚散皆是缘，别离总关情。

机电学院 曹舒泓

北理工，我的大学，它有围墙，但向我展示了无限，它有终点，但无时不叮嘱我出发的起点。

机电学院 侯玥辰

在北理工的四年，是拼搏的青春，是挥洒的汗水，是同伴齐行时的欢乐，是延安根、军工魂的耳濡目染，更是成长的不灭印记。求学之路虽坎坷艰辛，然父母牵挂于心，嘘寒问暖，未曾远离；也常遇良师挚友，于烦乱之时伸出援手，排忧解惑；所爱之人，于灰心丧气之时长伴左右，互为依靠，顶峰相见。

机械与车辆学院 李宇航

回顾即将过去的本科四年，我能够感受到来自内心的丰富和踏实，并且有足够的热情去迎接接下来的机遇与挑战，我想，这正是作为一个青年人，一步步成长的意义所在。希望将来不论遇到什么困难，我都能够有机会坦坦荡荡地说一句，我辈中人，无愧于己。

机械与车辆学院 王书琳

如今即将结束本科生涯，踏上新的阶段，有人谓我以前方不会一帆风顺，当是西西弗负石上山的路。可骨里有灼人之血，襟上就悬坠着山川河流，艰辛负石又如何，即便赤足踏在瓦砾上，我亦拥有放声高歌的态度和勇气。

光电学院 陈欢

未来已来，昔日的好友也即将各奔东西，奔赴各自前程，未来忙碌的日子我们可能不会常常见面，但我会永远想念你们，永远祝福你们。过去和未来之间，我相信最美的时光一直在路上，认真地过好当下的每一天，不负韶华。

愿有前程可奔赴，亦有岁月可回首。

信息与电子学院　陈佳鑫

感谢我的母校——北京理工大学，你是滋养我茁壮成长的沃土。四年前我选择了你，四年间你成就了我。有了你，才有了我五彩斑斓的大学生活，感谢你，让我能在三尺讲台下汲取知识，在学生工作中培养能力，在社会实践中博闻强识，在体育锻炼中强健体魄，在图书馆里遨游书海，在研讨室里碰撞思维，在辩论场上唇枪舌剑，在食堂里大快朵颐……美景佳肴尽在校园，良师益友常伴身边。

信息与电子学院　杨东篱

在北京理工大学这四年，我的生活是丰富和精彩的，感谢母校给我这些美好的回忆，感谢老师与同学们对我的教导与关心。在这里，我不仅学到了知识，更懂得了如何面对挫折、如何与人相处、如何更好地生活。感谢北理工带给我的这一切，在今后的岁月，我将更加珍惜这一切，带着对生活的热情和希望，更加勇敢前进和成长。

信息与电子学院　陈开昌

"种一棵树最好的时间是十年前，其次是现在。"你可以拥有你想要的生活，也可以拥抱你心中的梦想，只要你下定决心去做，无论什么时候开始，都不算晚。

信息与电子学院　田孜孜

谈到对未来的规划，从刚入学时的天马行空到中间的迷茫，再到现在的短期目标,我的想法一变再变,但我知道,不变的是我为了美好未来而努力的决心。

信息与电子学院　任晓昱

人难免会留念曾经熟悉的环境,害怕或担忧未来是否会朝着自己的预想发展。然而跳出目前的这个相当熟悉的生活节奏,去迎接新的挑战,对于现在的我来说,未必是一件坏事。把握好这个转折点,找到自己愿意为之倾尽全力的目标。

信息与电子学院　吴思沂

一个远大的理想如一盏明灯,照亮我们前行的道路,让我在追求成功的路上少走弯路;它像一针强心剂,可以坚定我们自强不息的信念,让我们不轻言放弃;它是一股强大的推动力,给我们带来前进的动力,让我们奋斗不止。

信息与电子学院　余逸文

汲取前人的经验无疑是站在巨人的肩膀上,我们有上下五千年的历史,我们有璀璨如星河的智慧,我们有多样的渠道获取知识……三思而后行,充分调研,能让我们在人生的旅程中不偏航,驶向成功的彼岸。

自动化学院　杨佳琦

随着高中毕业,曾经的挚友被一张张录取通知书带去各地,失去了朋友的陪伴,在刚踏入大学时我似乎又变成了孤军奋战。好在大学期间,我有幸结识了各种各样的朋友,他们与我一同给丰富的大学生活增添了不少乐趣。

自动化学院　温皓渊

走在路上，偶有烈日、暴雨，间或乏味、单调，但沿途风光无限，萦绕着朋友间深厚的感情，流淌着丰富的文化，充满着知识与经验。希望今后还有机会多走走、多看看，用心感受快乐，用脚步丈量人生。

自动化学院　　王文雯

大学是辛苦的，我曾在毕业论文中说到：PCB上的红蓝走线勾画着深夜的孤寂，焊台上的缕缕白烟见证着菜鸟的成长，示波器上的完美波形坚定了我对知识的信仰。

大学也是美好的，我在大学期间塑造了正确的三观，收获了许多朋友。

自动化学院　　黄明镶

生活总会有跌跌撞撞，起起伏伏，最后回过头来，想想很多事情其实可以放下，或者说换一种方式去处理，但现在的成熟不能否定过去的想法，不如平静地看待这一切。世界上只有一种英雄主义，那就是认清生活的真相，却依然热爱它。

自动化学院　　赵健

在大学这个"小社会"里的友谊给了我学习和生活上的诸多帮助，让我的人生旅程中多了一份感知世界的窗口。朋友给我的不仅仅是陪伴，更多的是精神上的共鸣。

计算机学院　　朱长昊

成功是从每一天每一步开始的，踏实地走好每一步。让我们扬起理想的风帆，点燃奋斗的激情，坚持不懈，向美好的未来进发，演绎更精彩的人生。

计算机学院　　孙璋亮

良乡的北湖很好看，绕着走圈会心情变好。有光照时湖面水波粼粼，像覆盖了一片巨大的锡箔纸，包裹着儿时爱吃的甜味糖果。大鹅和肥鸭子永远欢快地叫着。湖边种植的花草树木四季变化分明。亲近自然会使人快乐许多。

计算机学院　　陈芊羽

望着窗外，落日的最后一抹余晖结束了白天的喧嚣，编写代码的键盘噼啪声也悄然停止。我们享受着最后的青葱岁月，抱怨着蝉鸣的聒噪，感叹着成长的烦恼，叹息着离别来得太早。我们驻足，我们眷恋，这里如家一般温暖，却终将告别。

我想你一定记得，当朝阳再一次点亮了云层，寝室走廊里的脚步声与洗漱声响起，我们强睁着蒙眬的睡眼，一手拎着书包一手拿着面包，随着大部队向教室冲去；我想你一定记得，伴着台灯下咖啡的清香，鼠标的轻击声与键盘的噼啪声围绕耳边，我们以代码为刃、以算法为马，一道道难题成为我们的手下败将；我想你一定记得，月光洒在我们的身上，三五好友携伴前行，笑着谈论过往、畅想未来，星星的轨迹轮转着自由组合，把今夜的欢声笑语谱写成歌。

计算机学院　　张佳明

新的生活就在眼前，我们即将站在起点，感悟的是一段美好的回忆，也是一种前进的动力。四年的经历让我深刻体会到，人生里没有做不到的，只有想不到的，尽情发挥自己的才能就好。不要让青春虚度，在每一天的生活里载入一点点收获，让自信的微笑时刻浮现在脸颊上，坚信付出就有回报，激情迸发精彩，相信明天会更好！

计算机学院　　杨惟智

我虽然可能无法成为明媚的太阳，或许甚至没有办法成为一颗星星，但是作为太空中的一粒尘埃，我仍然可以实现自我的价值。作为学生，我努力学习，脚踏实地设定目标；工作后，认真地完成自己的工作。

计算机学院　　刘梦涵

从小学到大学，一步步向上攀登，点滴积累，这叶小舟从蓝图到雏形，现在终于能支开一点点风帆，小心翼翼地试探前方的风浪了。

小学时的校训是"好好做个人"，初中时的校训是"读好书，交好友，行远路，做大事"，高中是"先学会做人，再学做学问，不仅要学会，关键要会学"，大学是"德以明理，学以精工"。仔细回想，意外发现它们都不约而同强调，学校首先要培养一个人的完善人格，其次是学问。正如学校的德育答辩系统工程，时至今日才发现，从德育开题到德育中期检查，到最终的德育答辩，是一个完整的过程。这一过程的意义比我原先想得要大，人总是需要契机去阶段性地审视自己，知道自己已经成为怎么样的人，自己要成为什么样的人。大学，青春，人生，其含义原来在此。

计算机学院　吴沁璇

时间充满魔法，它让人一天天发生变化，但身处其中的人不会发觉玄妙，翻阅旧时文章时，我才恍然发现时间在我身上驻足的痕迹。从初入校园时发觉学海无涯的慨叹——《学之道，修行漫漫无止境也》，到德育开题时初尝的人生坎坷——《成长之道，人生逆旅》，再到德育中期时意气风发——《抟扶摇而上者，不坠青云之志》，止于现在正由我一字一句敲下《砥砺前行，不坠青云之志》，难以用"感觉"和"记忆"保存的心境变化，被或寄托于纸张、或搭载于电路的文字与图像。北理工带给我许多，有知识，有朋友，但其中最重要的，莫过于价值观念的塑造。

材料学院　谷珺昳

希望离开 BIT 后的自己，依然能够热情、果敢、阳光。热情地对待生活，感恩生活中的小确幸，积极分享生活喜悲；热情地对待生命中出现的每一个人，尽自己所能，给他人带来快乐和慰藉；热情地参与各项活动，从平凡和烦琐中发现乐趣。敢于接受挑战，迎头而上，不畏首畏尾；善于思考，有自己的主见，不偏信，不盲从，快速、高效地做出适合自己的决定；在理性的前提下，敢于对自己不想做的事情说"不"，不勉强自己；敢于表达自己的想法，理清思路，表达有条理，清晰易懂。不轻易抱怨生活中的小挫折，阳光面对大大小小的困难，冷静，乐观，希望拥有人性中一切美好的品质，以此获得内心的平静和欢愉。

材料学院　华璇卿

时间一去不返，匆匆韶华逝去，转眼间从初入大学校门已经走到即将毕业。岁月如梭，时光荏苒，时间如静谧沙漏，无声滑落，回过神来已是一片银色沙丘。大学生活充满了各种悲欢离合，百感交集，种种和弦奏出大学生活的多彩曲谱，在即将写下结尾的这个日子，一并回荡在耳边，浮现在眼前。

数学与统计学院　黄得桭

大学生活于我而言，更多的是成长，教会了我变得更加成熟，更加理智。在无尽漫长的时光里学会享受孤独，是很宝贵的，是很有意义的。

数学与统计学院　胡又琳

"德以明理，学以精工"，北理的校训深深地印刻在了我的大学生活中。道德高尚，达到以探索客观真理作为己任之境界。我怀念在这里的一切经历，即使是挫折也是津津有味。治学严谨，实现以掌握精深学术造福人类之理想。我怀念在这里的最后一场答辩、最后一场考试和最后一次落笔。

管理与经济学院　张亦雨

时光飞逝，过去的四年给我带来了巨大的改变。我不再像以前那样年轻气盛，凡事必要讲个理清、较个高下。我意识到这里是真正的象牙塔，隔绝了竞争和压力。我拥有自由生长的空间，重获了汲取知识的自信，幸运地避免了毫无意义的比较带来的内耗。健康的人格是我在这里收获的最大的财富。

管理与经济学院　康译丹

生活在不断地变化中重复着同样的旋律，在不断地重复中变换着不同的音符。生活的最高境界也许就是归于平淡，而我在平淡中感受属于我的精彩。

管理与经济学院　穆允国

如果将大学时光具象化，我愿将之比作花期。在学生生涯中不长却也不算短的四年时光里，我和我身边的人都在岁月的打磨中经历了一次又一次的蜕变，不同的事物、境遇赋予我们独一无二的气质。悄无声息的、在可能毫无察觉的生活点滴中，我们被生活锻造成了现在的模样。花骨朵儿缓缓生长，在时间的流逝中逐渐绽放出独一无二美丽花朵，焕发着独属于自己的绚烂光彩。

人文与社会科学学院　吴曼聆

大学四年，我尝试了许多第一次，实现了许多新突破，不忘初心，渐渐地活成自己喜欢的模样。我在综合教学楼聆听老师的谆谆教诲，在徐特立图书馆畅游书海，在北湖的木桥上欣赏北湖风光，在南操场的跑道上挥洒汗水、放松身心。

人兴家国，文行天下。作为一名人文与社会科学学院经济学专业的学生，我既在理工科院校保持着人文特色，又在求知路上学习用经济思维看问题、解释社会现象，探索经济社会运行规律。如今临毕业季，我也有了研究生深造的新方向、新目的地。回想起这四年的点滴还都历历在目，细数过往，似水流年。

人文与社会科学学院　刘心怡

少年，一个不高不低的年纪，一个最青春热血的年纪，好像这个词天生就带着期待与美好。小时候，我们会期待自己长成少年时的模样；而当我们老去，又一定会觉得这段金色时光弥足珍贵。

这也许会成为我们记忆相册里最真诚而美好的一段回忆。尽管这段时光里，我们佯装着自己无所不能却又内心暗自打鼓，我们失落迷茫却又相信着自己能有改变世界的能力，我们自信昂扬却又似乎总被现实打败，总为一个个看起来非常重要的人生选择而感到苦恼纠结……每个人都会有这样的时光，这样挣扎痛苦却又美好欢乐的时光，不管他们是否表现出来，我深信这一点。

法学院　曹海娟

第一次阅读《道德经》时，我便为"上善若水，水善利万物而不争"所倾倒，因而这个标准也成为我为人处世的准则。四年来，它因得到反复检验而弥坚，也将在今后继续指导我的工作和生活。悟已往之不谏，知来者之可追，谨以此文，继往开来，扬帆今朝。

法学院　温甲璞

我的大学，经历过美好与丰盛，也经历过挣扎与痛苦，曾面对失望与诘问，亦有不间断的羞赧与自省。我是数千万大学生中最普通不过的一个，但所有交织着情感的记忆使得这一切都无可复制。删除我经历过的任何一个瞬间，我都不能成为今天的自己。人总是要学会诚实地面对自我的，是为总结，是为记录，是为自勉。

法学院　余淑娟

若是为我的四年大学生活找一个关键词，我想也许是"见证"。曾在闲暇的周末宅在宿舍，望着窗外云卷云舒，见证晨曦的登场与晚霞的挥别。曾在无数个深夜从徐特立图书馆走回博雅宿舍楼，抬头仰望路灯下翩翩起舞的树叶，见证它们从枯黄到抽芽，见证四季的更迭。我见证了几座文教大楼拔地而起，流线型屋顶的体育馆闪耀着点点星光，也见证了北理工首批入选"双一流"大学名单，我的专业英语入选北京市一流本科专业建设点……四年间，我见证了北理工从成熟迈向强大，实力与名气更上一层楼，吸引着众多有志学子。在为母校感到衷心自豪的同时，我也意识到，这四年间，不光是我见证了北理工的发展，北理工也见证着我的成长和成熟。从大一的懵懵懂懂，到大二的厚积薄发，再到大三在瓶颈中挣扎，到如今大四开始尝试新的挑战，我的大学生活像一首奏鸣曲，不同的乐章有着不同的旋律与节拍，却在起承转合间达到了意外的和谐。大学四年，我在专业知识和思维方式上都有了长足的长进，这得益于北理工为我们提供的放眼世界、大胆尝试的平台。我相信，若是几十年后回首我的人生经历，北理工四年一定会是最重要的四年。

外国语学院　许诺

一代人有一代人的长征，一代人有一代人的担当。奋斗是永恒的时代命题。在毕业的关头。回望自己难忘的大学，奋斗的青春，精彩的人生。我相信，在未来，我也一定可以在奋斗中，在与祖国的同频共振中收获更好的自己。让我的青春在为祖国、为人民、为民族的奉献中焕发出更加绚丽的光彩！

外国语学院　史铮

如果说岁月如歌，那么大学四年就是这段乐曲中的华彩；如果说记忆如海，那么四年的回忆就是这片海里璀璨的明珠；如果说青春如旅途，那么这四年就是一路繁花。

外国语学院　薛雯

"生活的最佳状态是，冷冷清清的风风火火。"这句话曾被我用作电脑壁纸，也是我未来日子里将要一直追寻的目标。我不想给未来过多的定义，我也想努力探求我短短一生的更多可能。这世间人来人往，各有风雨灿烂，我只愿给自己画下些属于自己的色彩。

柠月如风，我们脚步匆匆，然人生旅程未及半途，求学之路尚还漫漫，唯愿多年后的自己，能够逐步成为一个独当一面的对社会有益的人。

设计与艺术学院　陈鑫怡

时间可以证明一切，改变一切，解释一切，成就一切。漫漫人生路，我们已经走了大概四分之一，踏出校门又是新的起点。希望我们每个人可以一步一个脚印地走好以后的路，快乐地工作，快乐地生活。让我们放下忧郁，重整行囊，擦干眼泪，露出笑脸，让我们带着微笑前行。

未来就像天空中一朵飘忽不定的云彩，而我们，从毕业这一天起，便开始了漫长的追逐云彩的旅程。明天是美好的，路途却可能是崎岖的，但无论如何，我们都有一份弥足珍贵的回忆，一种割舍不掉的友情，一段终生难忘的经历。

设计与艺术学院　程璨

一段旅程已快到终点，而下一段旅程才要拉开序幕。对于我的人生来说，路还漫长。我在荒野中孑然一身，却又被温暖的火光包围着。我听见未来破土而出的声音，它向我摇着青涩的枝丫。踏上这片荒野，我不敢说绝不后悔，但我决不后退，就像四年前徘徊在迷雾中也要奋力前行。请让我在这荒野上多走一会儿吧，风雨也好，阳光也罢，我正走在人生的路上。

设计与艺术学院　蒲小可

四年前的那封信开头，我和自己说："希望四年后再看到下面这些话，你还能记得当初的勇往，更希望你历尽千般艰辛苦难，仍能欣慰又骄傲地说一句，我做到了。"那么现在，我想和四年前写下这段话的那个自己说："谢谢你，我真的做到了。"

向前走的路上是孤独的吗？也许是吧。曾经我想，所谓孤独的过程，何尝不是沉下心来磨炼自己，以变得更好更优秀的过程，我们不应该介意孤独，甚至需要孤独。年轻的人总是需要去成长，去独立，去习惯，并在此过程中成就自己。况且事实上，当我真的向前走的时候才发现，这条路上从来都不是一个人，还有很多一样顶着风霜雨雪但仍要迈开脚步的人。这是一条宽阔的路，路上也尽是绝好的风景。

徐特立学院　郑祚修

四年的韶光易逝，时光用一千多个日夜勾勒出一个故事，故事里有一方熟悉的天地，有一群曾经重要也永远重要的人，也有一段五味杂陈的成长历程，在每一个角落，都能拾起曾经散落的熠熠星辰。时光不易，青春已然，每一段经历都标志着蜕变。

徐特立学院　徐浩轩